勉強も
小学校生活も
超うまくいく！
おうち学習で知りたいこと80

サンバ先生 著

KADOKAWA

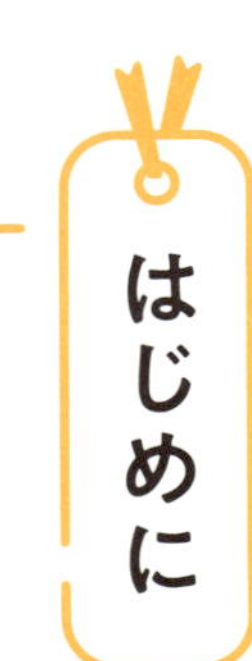

はじめに

本書を手に取っていただき、ありがとうございます。10年以上の小学校教員の経験をもとに、SNSで教育や子育てについて発信をしている「サンバ先生」と申します。

まずは私の経歴から少しお話しさせてください。大学は教育学部に在籍していたのですが「教師になる前にほかのこともしてみたい」と思って、卒業後は住宅メーカーに就職し、3年ほど営業をしていました。その後、「世界も知りたい」と思い、青年海外協力隊としてアフリカのセネガルに2年間派遣されました。セネガル人の小学生にフランス語で勉強を教え、現地の先生方にも指導。言葉の壁はありましたが、私の授業で喜んだり、成長したりする子どもの姿を見て「子どもと関わる仕事をしたい」という思いが強くなりました。ちなみに「サンバ」という名前はこのときホームステイしていた家族につけてもらったものです。そして帰国後、教員採用試験に合格して小学校教員としてのキャリアが始まりました。

教員になったばかりのころはうまくいかないこともあり、思い悩むことも多かったです。そんななかで「思いつきや感情にまかせて子どもに教えたり声をかけたりするのではなく、効果の高い方法や科学的に証明されている実践方法を学んだうえで目の前の子どもに合った教育を選ぶことが必要」ということに気づきました。教育には決して「正解」というものはないですが、それでも「よりよい選択」や「効果的な方法」があることに、試行錯誤の中で気づかされました。

それからは教育や子育てに関するさまざまな書籍をむさぼるように読み、またセミナーや研修にも出かけ、そこから学んだことを子どもたちに実践するという日々を送りました。SNSでは、私がこれまで学んだ知識と、そこに経験を重ね、本当に私がいいと思った実践について発信しています。おかげさまでSNSではたくさんの方にフォローしていただき、日々、教育や子育てについての相談や質問を受けています。

そのなかで保護者の方からとくに多いのが、家庭学習に関する相談です。ご家庭でのサポートが小学生のお子さんの豊かな成長に大きな影響を与えることは、みなさんもご理解いただけると思います。本書の中でも述べていますが、とくに学習においては学校だけにまかせるのではなく、家庭でのサポートが不可欠です。

しかし、保護者の方も仕事や家事などを抱え、限られた時間の中で子どもと向き合うことは簡単なことではありません。それは私自身もひとりの親として日々痛感しています。登校前の朝、学校から帰宅後の夜、本当に忙しくバタバタと過ぎていきますよね。仕事や家事、習い事に追われ、子どもには宿題をさせるだけで精一杯……。そんななかで、どうやって子どもに無理なく、勉強に向き合わせるか。またそれをどう楽しいものにしていけばよいのかは、本当に難しいですよね。

そこで本書では、そんな保護者の方々の不安や悩みを少しでも軽くし、おうちでの学習をサポートするための、短時間で取り組める具体的かつ実践的な取り組みを全部で80項目にわたって紹介しています。これらは私自身がこれまで学んできたこと、そして教員として経験してきたこと、また親としてわが子と向き合ってきて実感してきたこと、そして保護者のみなさまの多くの声をもとにまとめたました。

ものです。どの家庭にも取り入れやすく、すぐに実践できるような内容を心がけ

「80個も無理だよ……」なんて思われるかもしれませんが、全部に取り組む必要はありません。たとえば本書の第4章では、学習面のサポート方法を算数や国語などの教科ごとに紹介しています。お子さんがもし算数が苦手ならば算数の項目だけやってみる、理科に興味があるのなら理科の項目を試してみるなど、お子さんの状況に合わせ、無理なくできるところから取り入れてみてください。

本書が、日々のお子さんのサポートにお役立ちできれば幸いに思います。この本をヒントにお子さんの豊かな小学校生活につながることを心から願っています。

サンバ先生

もくじ

第1章 小学校ってどんなところ？

第2章 小学生の心のサポート

第3章

小学生におすすめの学習のサポート

教科別おうち学習のアイデア

装丁…西垂水敦・内田裕乃（krran）　本文デザイン…吉村朋子
イラスト…コルシカ／辰見育太（ej工房）
編集協力…矢島史　校正…麦秋アートセンター

第1章

小学校ってどんなところ？

小学生が1日の大半を過ごす小学校。
しかしそこで子どもたちが
何をしているのか意外と親は知らないもの。
ここではまず、
おうち学習の前提となる
「小学校生活」について解説していきます。

幼稚園・保育園と小学校ここが大きく違う！

幼稚園や保育園から小学校に上がる子どもにとって、その違いは本当に大きいもので、年中から年長へ進級するのとはわけが違います。真新しい環境である小学校生活をスムーズに送るために、保護者が理解しておくとよい「違い」を2点ご紹介します。

まずひとつ目は、**「遊びから勉強へ」**。園では体を動かしたり、遊んだりという活動が中心だったかと思いますが、小学校では教科学習が中心となります。ひと月前までは自由に走り回っていたのに、入学したとたん1教科につき45分間も席に座って学ばなければなりません。このギャップにとまどい、早々に「勉強キライ！」と学習への嫌悪感を抱いてしまう子どもが実はとても多いのです。だからこそ、家庭でのサポートが非常に大切になってきます。

そしてもうひとつは、**「評価」**の違い。園では点数や成績をつけられることはほぼありませんが、小学校では日々評価が行われるようになります。宿題や授業で取り組んだプリントは正解数と不正解数が明確にされ、点数化されます。そして毎学期、教科ごとの目標に基づいた明確な評価を通知されます。生活の様子まで、学年の発達段階やクラスメイトとの比較によって「できる・できない」が浮き彫りにされるのです。

保護者のみなさんに心に留めておいてほしいのは、テストの点数や通知表の結果を見たときに、子どものできている部分ではなく、**できない部分にばかりフォーカスしないでほしい**ということ。家で子どもを褒めることより、叱ることが多くなるような事態は絶対に避けるべきだと感じています。そんなことをすれば、さらに勉強を嫌いになってしまうでしょう。では、どう対応すればよいのでしょうか?

それは、前向きにサポートすることです。子どもに苦手な教科や、平均以下の部分があっても大丈夫。それはこれから成長できる「伸びしろ」です。本書では、具体的な家庭でのサポート方法をお伝えしていきます。

クラス編成や担任の先生はどうやって決めているの？

入学時や新年度のクラス発表、担任の先生が誰かがわかる瞬間は一大イベント。親にとっても、新学年の1日目はドキドキですよね。わが子にとっていいクラスでありますように、いい担任でありますようにと、願っていることと思います。

そもそも、小学校のクラス替えはなぜ行われるのでしょうか。これには2つ理由があると考えています。

ひとつは、**人間関係の調整**です。1年間同じクラスで過ごしていると、クラスメイト同士でさまざまなことが起こります。よいこともあれば、つらいことも、不安になることもあるでしょう。こういった事情に配慮しながら、どの子もスムーズに学校生活を送れるようにするために、編成が行われています。

そしてもうひとつの理由は、**さまざまな人間関係を経験**するため。固定されたメンバーだけではなく、多くの人たちと関わることで、将来社会で生き抜いていくための経験ができるのです。

おそらく、クラス替え直後は「前のクラスの方がよかった」と感じることもあるかもしれません。せっかく仲良しの友だちができたのに、離れてしまうこともあるのですから。ただ、それを乗り越え、新しい人間関係を構築する経験は何にも代えがたい、貴重な糧となるのです。子どもの不安を受け止めつつも、前向きに「子どもの成長の機会」と捉えていただければと思います。

クラスメンバーの決め方

では、クラスメイトや担任の先生はどのように決められているのでしょうか。

新年度のクラスを考えるのは、現在の担任たちです。子どもたちの「学力」「人間関係」を考慮しながら、協力して振り分けていくケースが多いと思います。

学力については、テストの結果などをもとに均等に振り分けます。学級間で学力の差があまり出ないようにするためです。人間関係については、「前年度にトラブルが多かった」「別々のクラスになるようにという引き継ぎがされている」といった情報をもとに考えていきます。どの子も安心して学校生活が送れるように、との思いからです。また、「リーダー性の高い子が偏らないように」「運動能力に差が出すぎないように」といったことにも配慮し、時間をかけて考えていきます。

一方、担任の決め方は、学校によってさまざま。校長が決める、先生たちの希望を聞きながら校長が決める、職員全体で話し合いながら決める、といったところです。どの決め方にしろ、「学校全体のバランス」「子どもとの相性」「先生の得意なこと」「先生の経験」などを考慮して決められています。

クラス分けの要望、出していいの？

小学生の子どもがいる友人からよく聞かれるのは、「来年のクラス分けについて、学校に要望を出してもいいものなの？　聞いてもらえるの？」ということです。伝えた方が

いいのは、子どもが安心して学校に通えないかもしれないような事案。学校生活に支障をきたす可能性があるのであれば、要望を出すべきです。

学校側ですでに把握している事案であれば、もともとクラス編成で考慮されますが、把握できていないこともあります。学校としてもできるだけトラブルを避けたい思いは同じなので、保護者からの要望は配慮される場合が多いでしょう。

クラス編成が行われるのは、3学期の2月が目安。それまでに相談したいことがあれば、お話ししてみることをおすすめします。

小学校の先生とのちょうどよい関わり方

子どもが幼稚園や保育園に通っていたころは、送り迎えで先生と顔を合わせる機会が多かったかと思います。しかし小学校に入ると基本的に送迎がなくなり、イベントや行事以外で保護者の方が学校に行く機会がなくなります。先生と顔を合わせる回数は、圧倒的に減るでしょう。

だからといって、保護者と担任が関わる必要はないというわけではありません。家庭と担任が適度な距離感でつながっていれば、子どもにトラブルが起きたときにスムーズに話をすることができます。また、学校や先生に提案や要望を伝えるときも、受け止めてもらいやすくなります。

ただ、「適度な距離感」と言われても難しいですよね。

言葉にするとすれば、「**近づきすぎず、遠ざかりすぎず、子どもを一緒にサポート**していきましょうね」という距離感。経験から、この距離感を保てている家庭とは、子どもを支えるための連携がうまくできると感じます。

では、このような関係を築くためにはどうすればよいのでしょうか。

なにも、毎日のように連絡帳にあいさつを書く必要はありません。ただ、イベントなどで学校に足を運んだ際に、近くに担任がいたなら声をかけてみてほしいのです。「いつもお世話になっております」のひと言で十分です。あれこれ褒めたりと持ち上げる必要はありません。何か連絡を受けた際にも、担任からすれば「ああ、あの話しかけてくれた感じのよい保護者の方」という入りになります。

先生も普通の人間です。いい関係の築けている家庭の要望であれば、叶うように動いてみようと思うものです。子どもにも自然と、前向きでポジティブな関わりも多くなるかもしれません。

今の子どもたちの授業は、保護者世代と全く違う!?

私たちが小学生のころと今とでは、授業スタイルも大きく変わりました。以前は「先生が教壇から子どもたちに一斉に教える」一斉授業スタイルが一般的。今もそれを基本としつつも、ひとりひとりにタブレットなどの端末が配られたことにより、**個人のレベルに合った学習を子ども自身で進められる**ようになりました。

たとえば3年生のわり算の学習では、「得意だから難しい問題にチャレンジしよう」という子もいれば、「苦手だから九九から復習しよう」という子もいます。習熟度別の教材に取り組めるので、同じ教室にいながらそれぞれに合った学習ができるのです。

そして現在では、「知識の習得」よりも、「思考力や表現力の向上」が重視されています。授業の中でも、子どもたち同士で考えたり、話し合ったり、教え合ったりするシーンが以前よりもずっと増えています。この学習スタイルは、ただ言われたことを覚えるよりもずっと思考力や判断力を鍛えることにつながります。

しかしこういった変化には、よい面もあれば、残念ながらそうではない面もあると感じています。文部科学省が授業に求めることが増えたために、先生の負担は大幅に増えました。授業には、「知識だけではなく考える力を」「ICT活用でアクティブな学習方法を」「子どもの興味関心に合わせた内容で」といったように、たくさんのことを詰め込まなくてはなりません。教科の学習内容や年間授業数が昔より増えているのです。

にもかかわらず、ひとりの担任が30~40人をみる教室環境は昔からさほど変わっていません。することが増えた分、何かが減らされたということもありません。担任がクラスの全員にきめ細かく支援することが叶わず、小学校の段階で大切な各教科の基礎基本をしっかりと身につけさせられないという、中途半端なことが起こっているのも現実なのです。**過渡期の今こそ、おうち学習が求められる**と私は考えています。

小学校の先生ってどんな人？

小学校の先生は、大学で教育に関する勉強をして教員免許を取得しています。指導方針は学校や先生によってもちろん少しずつ違いますが、基本的に子どもに教えたり、褒めたり、叱ったり、指示を出すことに長けています。

年齢層は、大学を卒業したての若い先生、30～40代の中堅先生、50～60代のベテラン先生とさまざま。小学校では、中学校以上に比べると女性の先生が多いという傾向があります。

最近は、教科によって担当の先生が変わる「教科担任制」を導入する小学校も増えてきていますが、基本的には担任がひとつのクラスに対して複数の教科を担当します。ときには1年目の先生が担任になる場合もあります。保護者の方は経験不足を感じたり不安に思う部分もあるとは思います。しかし、メリットもあるのです。まず、新任の先生のクラスはある程度落ち着くように編成されます。よって、子どもたちの人間関係のトラブルが起きにくい傾向があります。また、担任以外の先生のサポートも充実している場合が多く、よりきめ細かに子どもたちを見てくれるようにもなります。そして若い先生は子どもからの支持率も高い傾向にあり、学習への意欲が高まる子もいます。

言うまでもなく、先生の一番大切な仕事は授業ですが、そのほかにも多くの業務を行っています。掃除、給食、休み時間や登下校時の指導から、運動会や宿泊行事といった学校行事の企画運営。懇談会や面談などで保護者と関わり、職員会議や学年打ち合わせを行い、研修会や研究活動に参加し、クラスだよりなどの印刷物を作り、宿題を確認し、テストに丸をつけ……と、休憩時間もほとんどないような忙しさです。

多様化する学校での問題を解決するには、新任の先生でもベテランの先生でも**保護者のみなさんの協力が不可欠**です。これは決して学校を守るためではなく、子どもの安心で安全な学校生活と成長に欠かせないこととしてお話ししています。

保護者会や面談で聞いた方がいいこと

保護者会、面談、家庭訪問といったイベントは、担任の先生と話せる貴重な機会です。質問事項を何も準備をせずにその日を迎えるのはもったいない！　聞いてみるとよいことを、例としてあげてみます。

まずは、**友だち関係について**。「誰と遊んでいることが多いか」「どんな遊びをしているか」「友だちに対しての口調や態度に問題はないか」「先生から見て気になることはないか」など。仲の良い友だちとのことだけでなく、「授業で誰とグループになっても問題なく取り組めていますか」「グループ内で協力できていますか」などクラスメイト全般との関係についても聞いてみましょう。

学校は、**「人間関係の形成」**という社会において大切なことを経験し、学んでいく場でもあります。全員と仲良くする必要はなくても、**クラスメイトのどの子とでもうまく過ごせているかどうか**は注目ポイント。これから先の学校生活を穏やかに過ごすうえでも、将来社会に出てうまくやっていくうえでも、とても大切なスキルです。

また、「この年齢で起こりがちなトラブルや、今現在起きている問題を話せる範囲で教えてください」と聞いてみても。今後のトラブルや、トラブル回避に向けた対策ができます。

次に、学習についてです。質問してみるとよいのは、「授業は落ち着いて受けられていますか」「指示通りに動けていますか」「勉強についていけていますか」「先生から見て、この子の苦手分野だと思うところを教えてください」など。先生にとって、ネガティブなことを伝える際には非常に気を使います。忌憚ない意見がほしい場合は、「正直に言ってもらって大丈夫ですからね」と伝えると話しやすくなると思います。

そのほか、聞きたいことがあれば何でも聞いて大丈夫。先生は、子どもや保護者の持つ不安はできる限りなくしたいと思っているので、**聞いてもらった方がありがたい**のです。トラブルを防ぐことにもつながるため、少しでも気になることは伝えてください。

気になることがあるときの学校への連絡方法

「子どもに心配な点が見受けられる」「学校のことで気になることがある」といったとき、どう学校に連絡をすればいいのか迷いますよね。方法は、大きく3つあります。

連絡帳で伝える

一番気軽に使える方法かと思います。ちょっとした連絡や、**少し気になる程度の内容であれば連絡帳がおすすめ**。ただ、伝えたいように伝わる文章というのは意外と難しいもの。シンプルな事案でない場合など、誤解を与えないように書くには注意が必要です。また、緊急時向きではありません。

電話で伝える

リアルタイムでコミュニケーションがとれるので、すぐに返答や対応を得ることができます。下校後の16～17時頃ならつながりやすいでしょう。ただ、表情が見えないので相手側の感情を読み取りにくいということもあります。

学校に出向いて直接伝える

相談内容が深刻な場合は、電話や連絡帳などで担任の都合を聞き、学校に出向いて直接話すのがよいでしょう。子どもの状況や不安な思いなど、より正確に伝えられると思います。ただ、お互いに忙しいなか予定を合わせる必要は生じます。

手紙を書いて連絡帳に挟むといった方法も。緊急を要するわけではないけれど、伝えたい内容は書面に残しておきたい、けれど子どもに大っぴらに見せるのもはばかられるといったときに有用です。担任が管理職に相談するときにも、使ってもらえます。

学校のメールアドレスが公開されていても、メールで伝えるのはおすすめしません。代表アドレスのため担任に本当に伝わるかわからず、ほかのメールに紛れてしまう恐れもあるからです。

意外と見方がわからない……通知表のしくみと活用術

学期末にもらってくる通知表。実際のところ、あの通知表をどう見ればよいのか、悩みどころなのではないかと思います。

ここでは、通知表の基礎的な知識と、親のするべきことについて解説します。

すべての教科は、**「知識・技能」「思考・判断・表現」「主体的に学習に取り組む態度」**という3つの観点で評価されます。学校によって、それぞれ「よくできる・できる・もう少し」「A・B・C」「◎・○・△」といったように表されます。

ある時期の算数を例にすれば、「知識・技能」はたし算やひき算といった計算問題ができるかどうか。「思考・判断・表現」は応用力を使って文章問題などを考えて解いていけるかどうか。「主体的に学習に取り組む態度」は粘り強く、積極的に取り組めているかといった学びへの姿勢が評価されます。これらのことを、授業中の姿やテストの結果から評価していきます。ただ、担任の主観が入ることもあるので、担任が変われば評価が変わることもあります。要するに「あまり気にしすぎる必要はない」のです。

通知表を見て親がするべきことはまず、**がんばったところを認めて、褒めてあげること**。「宿題よくできてたもんね」「授業中もがんばっているんだね」と、過程を褒めるような声かけがいいと思います。より、学びに対する子どものモチベーションアップにつながるでしょう。もし「よくできる」が少なかったとしても、担任からの所見を見て子どものがんばりを認めてあげてください。

一方、**「もう少し」「C」があった場合は少し注意が必要**です。というのも、小学校での評価は、正直なところ甘めにつけられる傾向があるのです。具体的にどんなことを苦手としているのか、家庭でできるフォローは何かを、学校に聞いてみることをおすすめします。

「授業がイマイチ」「厳しすぎ」——言いづらい内容の伝え方

長い学校生活のなかで、学校に相談しにくいネガティブな事案が出てくることもあると思います。少し様子を見るという選択肢もありますが、一向に子どもの状態が上向かない、つらそうだという場合は学校に連絡をした方がよいでしょう。

「指導の言葉が厳しすぎる」「授業の進度が遅い」「勉強面での配慮が乏しい」「トラブルがあっても連絡がない」「持ち物の連絡が遅い」など、気になることがあった場合は、担任に伝えて大丈夫です。対応してもらえることはもちろん、先生の回答で「そうだったのか」と納得がいき、安心できることもあります。

では、どのように伝えるとよいのでしょうか。

あまりにストレートに、感情的にぶつけてしまうと学校との関係性が悪くなってしまう恐れがあります。**大切なのはやはり、あいさつと感謝**。このやり取りがあるとないとでは、要望や相談に対しての担任の受け止め方が大きく変わってきます。

まずは、「いつもお世話になっております。先日の〇〇、子どもが喜んでいました。ありがとうございました」と感謝を示してから、「実は相談がありまして」と話すようにすると、よい距離感で話をすることができます。学校側も、前向きに受け止めてくれるはずです。本当に悩んでいるんだと伝わるからです。

また、**伝える際には具体的に話す**のがおすすめです。「授業がわかりにくい」ではなく、「今算数で習っている～がわからないそうです」と。「言葉が厳しい」ではなく、「～のときに先生から『〇〇〇』と言われたことで悩んでいるようです」など。できるだけ具体的に伝えることで、先生も改善しやすくなります。

気を使ってしまう難しさがあるとは思いますが、これらの例を参考にして、ぜひ担任の先生に話をしてみてください。

子どもと担任の先生の相性が悪いと感じたら

子どもと担任の先生の相性が悪いのは、子どもにとってはつらいものです。小学校ではほとんどの授業で担任と密接に関わるため、相性が悪いと「学校が楽しくない」「勉強に意欲がわかない」「勉強がわからなくなる」といったことになりかねません。

では、相性が悪いとわかったときにはどうすればいいのでしょうか。

●まずは、子どもと話す

具体的にどういった部分に不満を感じるのか、まずは子どもの話を聞くことが大切です。そして子どもに「毎日本当にがんばっているね」とフォローを入れながら、担任のフォローもしてみてください。「もしかしたら、～のために～と伝えたかったのかも」

など。子どもと担任の関係が悪いときに、つらいのは子どもです。状況がそれ以上悪化しないよう、**担任の言動を前向きに捉えられるようなアドバイス**をしてみてください。

もちろん、その後も注意深く子どもの様子を見ることが肝心です。「どうせ言っても担任の味方をする」と思われると話してくれなくなってしまうので、バランスが大切です。子どもの話したことは否定せず、「それはいやだったね」と認めてあげてください。

担任に直接伝える

それでも改善が見られない場合は、32ページを参考にして担任に伝えましょう。クレームをつけるというより、**子どもの様子をできるだけ客観的に、具体的に**伝えます。そのうえで、「家庭でも何かフォローできますでしょうか」とあくまで相談のスタンスでいれば要望を伝えやすいと思います。

担任以外に相談する

担任には話しづらい、不信感が大きいという場合には、学年主任や教頭などほかの先生に相談するという手段も。何かしらの対応をしてくれるはずです。どんな人間同士も相性の良し悪しはあります。不安に陥りすぎず、前向きに対応してみてください。

先生への不満を子どもに伝えるべからず

子どもから担任の愚痴(ぐち)を聞いた、ママ友からよくない噂を聞いた、担任の対応に不信感を覚えたといったときに、親が絶対にしてはいけないことがあります。それは、**子どもの前で担任への不満や悪口を話す**こと。

小学生の子どもにとって、**親の言葉は一番の影響力を持ちます**。親が担任の批判をしているのを聞けば、「先生はよくない人だ」「陰口をたたかれても仕方のない程度の存在だ」と植え付けられてしまうのです。こうなると、不幸をその子自体がかぶるのも同然です。そんな存在から1年間ずっと授業をされ、言うことを聞かなくてはいけないのですから。学習効率も集団行動をする力も下がりかねません。

子どもから担任の愚痴を聞いたとき、それに同調するのは子どもの気持ちを受け止めたいからだと思います。けれど、たとえば「急に予定を変更して自分勝手なんだよ!」と子どもの愚痴を聞いたときには、「そりゃあ自分勝手だね」と同調するのではなく、「それは悲しかったね」と**子どもの感情に共感する**ことが大切です。内容がフォローできるようなものであれば、「先生もやりたかったろうに、予定が合わなくなっちゃったんだね」と子どもも腑に落ちるような手助けができるといいですね。

ときに、フォローしきれないような内容もあるかと思います。それでも、子どもに「やっぱり自分の感じた通り担任は信用ならない人間なんだ」「いやなやつと思って正解なんだ」と植え付けないことが、結局は子どものためになります。**これ以上担任と子どもの関係が悪くならないよう、どうか言葉を選んでください**。

子連れで親同士が話をするときも、注意が必要です。共通の話題で盛り上がるため、子どもの前で担任の批判をしてしまいがち。子どもは意外と大人の話を聞いているものです。そして、敏感に親の感情を読み取ります。子どもの学校生活と成長に関わってくるため、気をつけてほしいところです。

いじめに遭わないか心配！対策はどうなっているの？

深刻ないじめの事件など、ニュースなどで目にすると不安になりますね。「昔はそんなにひどいことはなかった」と、いじめが増えている印象を持っている方もいるのではないでしょうか。たしかに、文部科学省から出ている報告を見ると、コロナ禍の期間を除けばいじめの件数は毎年増えています。

けれどこれには、とある理由が。この報告は、いじめの「発生件数」ではなく、「認知件数」なのです。認知件数とは、教職員が「これはいじめである」と認めた件数のこと。実際に発生しているいじめが増えている可能性も否めませんが、**学校現場がいじめに対して以前より意識を高く持って対応している表れ**でもあるのです。

　これまでなら、「軽くぶつかられたくらいならいじめではない」「たいしたことではない」と捉えていたところを、現在では「いじめと捉えて早い段階に手を打とう」と考えるようになりました。いじめのニュースを見て不安になるのは当然ですが、過剰に心配する必要はないと考えています。

　学校がいじめを認知した際の対応は、以下のようなものです。まずは関係する子どもたちへ聞き取りを行い、何があったのか事実を確認します。できるだけ客観的に事実を把握するために、教師は1人ではなく2人以上の複数で対応します。事実が確認できればその日中に保護者へ連絡をして、その後の対応を話し合います。

　学校は未然防止や早期発見のために、さまざまな取り組みを行っています。現在は、すべての学校において**「学校いじめ防止基本方針」**の作成・公開が義務付けられています。国や自治体の定めた方針をもとに、各学校がいじめの防止や対応についてまとめたもので、インターネットで公表している学校もあります。一度目を通してみてはいかがでしょうか。

小学校でも不登校の子どもが増えているって本当？

小学生の不登校者数は近年増加傾向で、２０２２年度の報告では過去最多となっています。だいたい小学生の約60人に１人の割合で、学年別では6年生が最多。学年が上がるにつれ増える傾向にあります。

不登校が増えている背景としてあげられているのは、「コロナ禍の影響」「家庭状況の変化」「通信機器の発達」「教育への多様な考え」といったさまざまな要因。

不登校になる原因として一番割合が多いのは、「無気力・不安」となっています。ここには、「行きたくない理由がはっきりとしない」「行けなくなった理由がわからない」も含まれます。無気力といっても**決してサボっているわけではなく、子ども本人も原因**

がわからずに苦しんでいることが多いのです。

「子どもの数は減っているのに不登校が増えているなんて、学校が対応できていないんじゃないの?」と思われるかもしれません。しかし学校は、いじめと同じように不登校に対しても敏感になっており、多様に対応しています。教室以外の学びの場をつくり、オンライン授業を実施し、スクールカウンセラーを設置して、学校外機関や地域との連携を図っています。不登校を防ぐための対策も、学校ごとに考えられ、実施されているのです。

ただ、**誰でも不登校になる可能性はあります**。心身ともにずっと順調に元気でいるなんていうことは、大人にだって言い切れないことですから。自分が選んだわけではない数十人という集団で、いつも同じことをしなくてはならない学校という場は、そのメンバーや内容によってだけではなく、合わない子にはあまりにハードモード。多様性が叫ばれる今だからこそ、絶対に登校することが正解とは言い切れない面もあります。

では、実際にわが子が「学校に行きたくない」となったときにどう対応するべきか?

それについては第2章で具体的にお伝えします。

「学級崩壊」って、どんな状態のこと？

「学級崩壊」という言葉を聞いたことはありますか？　実際のところどんな状態かというと、子どもたちが先生の指示に従わず、勝手な行動をし、授業が成り立たなくなってしまうような状態。ルール無用の、集団生活の崩壊です。

こう聞いてイメージするのは、「授業のジャマをする子がいる」「教室で暴れる」「担任やクラスメイトに暴言を吐いたり、暴力をふるう」「物を壊す」といった荒れ方ではないでしょうか。こういった激しい崩壊もあるのですが、最近では「子どもがリアクションをしない」「学習に無意欲」「授業中に関係のない本を読む」「指示には従うがゆっくりしか動かない」「担任を無視」といった**「静かな荒れ」**と呼ばれる崩壊も起こっています。

文部科学省によると、学級崩壊が起こる原因は「教員の指導力不足」「学校の対応の問題」「家庭や地域社会の変化」などが考えられると報告されています。ちなみに、若くて経験の浅い先生だけでなく、経験を重ねたベテランの先生のクラスでも起こります。高学年だけではなく、低学年や入学したばかりの1年生のクラスで起こるケースも見てきました。残念ながら、一度学級崩壊をしてしまうと、その年度内で立て直すのは非常に難しくなります。

学級崩壊を防ぐために、家庭でもできることがあります。もしお子さんが学校のルールを守り、先生の話を聞き、落ち着いて学校生活を送れているなら、それを当たり前と思わず、しっかり褒めてあげてください。それが「正しいこと」と子どもたちが実感することが、学級の荒れを防ぐことにつながっていきます。

保護者からすれば、「学校でなんとか防いでほしい」と思われるのは当然かと思います。けれど実は、**家庭での教育も学級崩壊を防ぐことに十分寄与できる**のです。そしてもし、わが子のクラスが学級崩壊してしまったとなれば、家庭の子どもへの心のサポートは必須となります。そのあたりについて、詳しくは第2章を読んでみてください。

学校生活がうまくいくためにおうちでできる2つのこと

ここまで、先生の置かれている状況やクラスで起こり得る問題など、学校の内部的な事情についてお話をしてきました。それを踏まえたうえで、子どもの学校生活のために家庭でできることは大きくこの2つではないでしょうか。

●子どもの心のサポート

学校の中では、いじめのような大きな問題から、ちょっとしたケンカまでさまざまなトラブルが日々起こります。そして担任と子どもの相性がよくなければ、子どもは毎日大なり小なりのストレスを感じながら過ごすことにもなります。

たとえ具体的な問題がなかったとしても、学校で集団生活を送るということは、「何かしらの我慢」や「納得のいかなさ」をいなしながら過ごすということ。大人のみなさんが自分の学生時代を振り返っても、そんな記憶は残っているのではないでしょうか。

そのストレスを子どもが成長の糧とできるのか、それともただ疲弊するだけなのかは、家庭でのサポートも大きく関係していると考えています。どういったサポートができるのかは、第2章以降で具体的に説明します。

子どもの学習のサポート

今の小学校ではかつてよりも授業の内容が増え、子どもが身につけるべきと求められることも増えました。学校に時間的な余裕がなくなっているなか、学校だけに勉強をまかせることは無理のある状態だと個人的に感じています。そして学力の高い子を見ると、家庭のサポートがあるケースが多いのが見受けられるのです。

「忙しくてうちには難しい」と思われたでしょうか? でも、大丈夫です。忙しくても家庭でできるサポートを、この先具体的にお話ししていきます。全部にチャレンジすることはありません。合いそうな方法を、できることから試してください。

COLUMN

サンバ先生の課外授業 ①

意外と知らない!?　小学校の先生の1日

第1章では小学校生活について触れてきました。ここでは、そこで働く先生たちが実際にどのような働き方をしているのか時系列でご紹介します。

7〜8	出勤
8〜12	1〜4時間目の授業
12〜13	給食&昼休み
13〜16	5〜6時間目の授業
16〜17	放課後
17〜20	残業〜退勤

7〜8時過ぎ
勤務スタートは8時15分頃の学校がほとんどですが、授業準備のために早く出勤する先生も。子どもたちが登校してきたら、元気かどうかと様子を観察しつつ、宿題をチェックしていきます。

8〜12時ごろ
1〜4時間目の授業を行います。高学年では家庭科など担当教科以外の授業時間は空き時間。宿題の丸つけや、授業準備に費やします。

12〜13時ごろ
子どもたちが給食の配膳をするのを見守ります。昼休みは子どもと一緒に遊んだり、宿題のチェックをしたり、高学年の委員会活動を指導するなどさまざま。掃除の時間は、それぞれの場所で正しく掃除が行われているか確認して回ります。

13〜16時ごろ
学年や曜日によって6時間目まで授業。終了後には帰りの会があり、15時30分〜16時に子どもたちを下校させます。

16〜17時ごろ
子どもが下校した後は、プリントやノートのチェック、テストの採点、翌日の授業準備など。家庭に連絡をする場合、この時間に電話をすることが多いです。職員会議や行事の打ち合わせが入ることも多いので、あっという間に勤務終了時刻を迎えます。

17〜20時ごろ
なかなか退勤時間にすべては終わらず、長時間残業している先生もたくさんいます。

POINT

このような流れで1日が過ぎていきます。学校に子どもがいる間は息をつく暇もなく……。休憩もなかなかとれないのが現実です。毎日予定している授業に加えて突発的に起こるトラブル等に対応することもあるので大変さを感じる場面も。「担任の先生とゆっくり話をしたい」という場合は、放課後が最も確実です。

第2章

小学生の心のサポート

子が学校生活をスムーズに送るには、
親が心のサポートをすることが超重要。
心を強く育てることで
学力もぐっと伸びていくのです。
ここでは子どもの力を伸ばす
心の育（はぐく）み方をお伝えしていきます。

スムーズな学校生活を送るにはおうちサポートが重要

小学校は集団生活なので、当然、自分の思い通りになることばかりではありません。**大なり小なり、どの子もストレスを感じています**。

学校から帰った子どもに、どのような声かけをしていますか?

「今日もよくがんばったね」「家ではゆっくりしなさい」でしょうか。それとも、「宿題は?」「早くお風呂入りなさい」「ゲームの時間もう終わりでしょ」「早く寝なさい」でしょうか。

おそらくは、後者だという方が多いのではないかと思いますし、それが一般的です。

しかし考えてみてください。仕事をして疲れて帰ってきた大人のみなさんでも、帰宅するなり「あれしなさい」「それはダメ」「早くしなさい」と言われてばかりだとしたらどうでしょう。かなりつらいのではないでしょうか。

学校でストレスを受けながらがんばってきた子どもが、家庭でそのストレスを解消するどころか、さらにストレスを溜めてしまうとしたら……。限界を迎えれば健全な学校生活に支障をきたし、勉強どころではなくなってしまうかもしれません。

子どもは、たとえ元気そうに学校に通っていたとしても、しんどさを抱えていることだってあります。まじめな子ほど、「学校ではちゃんとしなくちゃ」「先生の期待にこたえなくちゃ」と思っているので、先生から見ても問題なく過ごしているように見えます。

面談などで先生から「元気に過ごしていますよ」と言われたとき、そこに嘘はありません。けれどその子の心が本当に元気なのかどうかは、本人にしかわからないのです。いや、**子ども自身すら気づかないことも**あるでしょう。

そしてこのストレスは大きくなると、学業不振に結びついたり、不登校につながることもあります。ですから**家庭での心のサポートは、必須だ**と考えています。

「外でいい子、家でわがまま」が理想的な理由

家では全然言うことを聞かないのに、先生から「いつもがんばっています。とてもいい子ですよ」と言われて驚いたという経験のある方も多いのではないでしょうか。「よく友だちを手伝っていますよ」と聞いて、家ではやってくれないんですけど！　と納得がいかなかったり、先生を疑ってしまったりということもあるかもしれません。

先生の話す「いい子ですよ」は、ほぼ本当だと思ってもらって大丈夫です。もし困ったことがあれば、先生も親に伝えるはずですから。毎日長い間子どもと接している先生が「いい子だ」と言うなら、その言葉に嘘はないのです。

「それなら家でもいい子にしてよ」と思われるでしょうが、この「外でいい子だけど、家ではそうでもない」状態は実はとても理想的です。
「外でいい子」はお子さんが学校のルールを理解し、他のクラスメイトと上手に関係をつくれているということです。つまり**社会に適応する力が高まっている**のです。しかし「適応する」ことにはがんばりや我慢も必要ですよね。そこには、ある程度の「しんどさ」や「ストレス」が必ず発生します。

だからこそ、家でそれらを解消することはとても大切です。家で言うことを聞かなかったり、わがままを言うのは、そんなしんどさやストレスを解消しているということ。解消することで、次の日もがんばることができるのです。外でも家でも「いい子」をがんばらなくてはいけないなんて、大人でも大変ですよね。

また、家でわがままな姿をさらけ出せるというのは、**親との信頼関係がしっかり築けている証拠**です。家が、子どもにとっての確かな安全基地になっているのです。この関係なくして、健全な学校生活は難しいものです。

子どものわがままにイライラすることもあるかもしれません。そんなときは、「学校でがんばっているんだな」と優しく見守っていただければと思います。

甘えん坊すぎるうちの子。どこまで許容していいの？

小学生になった子どもが、いつまでも親にべったりだったり、甘えてきたりすると「もうちょっとしっかりしてほしい」「あれ？　うちの子幼すぎないかな」と思うこともありますよね。その場合、どう対応すればよいのでしょうか。

私はまずは、受け止めることが大切だと思います。

甘えというのは、子どもの表現方法のひとつです。甘えることを通して、気持ちや心の状態を表そうとしているのです。疲れていたり、何か欠けるところを感じていたり、漠然とした不安に見舞われていたり。なかには、「お母さん大好き」「お父さん頼りにしてる」の表れということもあるかもしれません。

せっかく自分の気持ちを表したのに、「もう5年生でしょ!?」「いいかげんにしなさい」「恥ずかしいよ」などと言われると、子どももつらいところです。

50ページでお話しした「わがまま」も甘えのひとつ。それを優しく受け止めてくれる存在があるからこそ、子どもは明日からの学校をがんばることができます。

ただ、本当はできるのに「できない」「やって」と言われたときに、どこまでやってあげていいのか迷われる方もいると思います。学校でも、私に甘えてくる子がいるんです。自分でできることも「せんせ~できない、やって~」なんて。

そんなときは、「ここまでがんばってたもんな」と一旦は受け止め、「じゃあここは一緒にやろう。ここからは自分でできる?」と導いています。できたことは、「がんばったね」としっかり褒めます。こうすれば、**受け止めてもらえた満足も、自分でできる喜びも味わえる**のではないでしょうか。

もし、いつもと違う様子の甘え方をしてきたら、学校などで何か不安なことがある「心の状態」を表しているのかもしれません。しばらく様子を見て、続くようなら本人に聞いてみたり、学校に相談をしてください。

子どもの話をしっかり聞けるのは保護者だけ

どんな育児書にも、「子どもの話はしっかりと聞いてあげましょう」と書いてあります。そのことが、子どもの安心感、満足感、自己肯定感を高め、親子関係を強固なものにすると言われているのです。

学校でも、先生たちは子どもの話をしっかり聞こうと励んでいます。私も、「せんせー、あのね」と話しかけてきたときには、そのときやっていた仕事の手を止めて丁寧に聞くことを心がけています。とはいえ、担任はひとりで30～40人の子どもを相手にしているので、「ごめんね、後でね」となることも当然あります。常に全員の話をしっかり聞くことがなかなかできないのが現状なのです。

ご家庭で子どもの話を聞いてあげてほしいと思うのは、こんな理由からです。

もちろん、保護者のみなさんも多忙で子どもの話をじっくりは聞いていられないということがあると思います。兄弟姉妹がいればなおさら、全員の話をしっかり聞くのが難しくなりますよね。話し上手だったり、主張の強い子ばかりが話していて、そうでない子は聞いてばかりということも。

だからこそ、ひとりひとりに話を聞くための時間を確保してみてはいかがでしょうか。「5分」「10分」と時間を決め、その間は家事も仕事もストップし、子どもに寄り添います。ほかのきょうだいに話しかけられたとしても、「あと5分後に聞くね」などと言ってその時間はその子に全力で集中します。時間がきたら、キリのいいところで「そうなんだね〜」と相槌を打ちながら家事や仕事を再開します。

子どもは、全力で自分の話を聞いてくれたと満たされるでしょう。時間は短くても大丈夫。少しでも「自分に注目してくれた！」という満足感、そして「ちゃんと聞いてくれる時間を取ってくれる」という安心感が、子どもの心を元気にするのです。

好きなことに熱中している子どもはできるだけ見守る

大人から見ればくだらないと感じることでも、子どもは熱中してひたすらやり続けることがありますよね。「そんなことしていないで、早く宿題しなさい！」なんて言いたくなってくると思います。

でも、家庭では子どもが好きなことに**熱中する時間をしっかりと確保**してあげてほしいのです。

学校では、自分の好きなことを好きなようにできる時間が非常に限られています。いや、ほぼないと言ってもいいかもしれません。決められたルールを守りながら集団で生活し、決められたカリキュラムに沿って勉強しています。それは、社会性や学力を高めるためです。

決められたことばかりをしていかなくてはならない学校で、**「明日もがんばるぞ」という気持ちをつくるためには、「好きなことを好きなようにできる時間」が必要**なのです。

子どもが好きなことなら、動画でもゲームでも、なんでもいいのです。飽きっぽくって好きなことがコロコロ変わっても構いません。もちろん、動画やゲームを楽しむために時間などのルールは必要。一方的に決めるのではなく、子どもと話し合ってルールづくりをするのがよいでしょう（詳しくは58ページで）。

そしてルールを守って楽しんでいる間は、口出しすることなく、自由に好きなようにさせてあげてください。その時間に子どもの心は癒され、ストレスを軽減させ、明日への活力を生み出しているのです。

ときには、親が子どもの熱中していることに興味を持って、「どんなところが楽しいの？」「今度やり方教えてよ」と話題にしてみると、子どもはとても喜ぶと思います。熱中は明日への活力を生み出す、すばらしい体験です。

SNSにゲームに動画……最適なルールのつくり方

56ページで「熱中している子どもはできるだけ見守る」と書きましたが、それがゲームや動画だった場合、どこまでやらせるかは悩みどころですよね。こればかりはご家庭ごとにルールを設けるしかありません。ここではルールづくりのポイントをお伝えします。ベストは、買う前にルールを話し合うこと。もう買って久しいという場合には、「あなたが没頭しすぎることでこんな心配がある」ということをわかりやすく伝えたうえで、「ルールをつくりたいと思う」と**必要性からしっかり話し合います**。

押し付けるのではなく、子どもと一緒に決める

子どもと話し合いながら決めることで、主体的に「守らなければ」と思えるようにな

ります。子どもも、使いすぎればよくないことはわかっているのです。

守れなかったときにどうするかを決める

これは非常に重要なポイント。「ルールを守れなかったら翌日はゲーム禁止」などを決めておけば、怒る必要はなく、淡々とルールに則って実行することができます。

紙に書いて、見えるところに貼っておく

ここに、同意のサインをお互い入れるのもよいでしょう。目に入れば忘れにくいです。

ルールを見直す機会を設ける

子どもから「もう少し時間を延ばしたい」と言われたら、話し合う場を設けます。すると子どもの満足度が上がり、ルールを守る意識も高まります。要求を丸ごとのむ必要はなく、話し合うことが大切。またすぐに変更を求めてくる場合は、「〇カ月はこのルールでいきます」と期間をつくってもいいと思います。

あとは、**親が率先してお手本となる態度を見せること**。スマホを長時間だらだら見るのはよくありません。そして子どもがルールを守れたら、しっかり褒めることが大切です。ゲームとルールをうまく用いて、自己管理能力を伸ばす機会にしていきましょう。

小学生にもっとも必要な生活習慣は「時間を守る」

食事、片付け、言葉遣い、あいさつなど、社会の一員として身につけてほしいマナーやルールを教えることは必要です。そのなかでも、教師としてとくに保護者にお願いしたいしつけは、「時間を守る」ということ。

幼稚園や保育園と比べて、小学校ではよりしっかりと決められた時間で生活を送ります。時間を守ることに慣れていない子どもにとっては、分単位できっちり時間が決められていることに、大きなストレスを感じることがあります。だからこそ小学校に入学する前から、時間への意識を高めておいてほしいのです。

時間を守ることに慣れて、自然とできるようになればストレスはかかりません。ご家庭では、「長い針が3になるまでに終わらせよう」「6になるときお外に出るよ」など、時間を意識できるような声かけをたくさん行っていただければと思います。もし、すでに時計が読める子であれば、「2時30分までに準備をしようね」など、具体的に伝えてください。

デジタル時計の方がわかりやすいかもしれませんが、ここはアナログ時計がおすすめです。2年生の算数で扱う時計の学習は多くの子どもが苦労するところ。家庭でアナログ時計を見る習慣のある子は、理解が格段に早いです。リビングやダイニングなど、子どもの目の届く場所にアナログ時計を置いてみてください。

もし、時間を意識させる声かけをしても守ってくれないというときは、以下の2つの方法を試してみてください。

まず、**時間が守れたときにしっかりと褒める**こと。守れなかったときに「もう過ぎちゃったよ！」と注意するのはよくあることですが、守ったときにそれを当然と感じて褒めないことが多々あります。大人にとっては当然でも、子どもにとってはそうではありません。守れたときにこそ注目し、ちゃんと褒めてあげてください。

もうひとつは、**大人が時間を守る姿を見せる**こと。私は、授業を1秒でも延ばしません。どれだけ半端でも、チャイムが鳴った瞬間に授業を終えて、休み時間にします。教師が全力で時間を守っている、その姿を子どもに示すと、子どもたちも時間を守るようになるのです。

もちろん、ときには休み時間を守れず、遊んでしまう子どももいます。けれど、子どもは「先生が時間をしっかり守るから休み時間がちゃんと取れる」という時間を守るメリットを感じているために、次は気をつけようと意識できるようになります。

この、「守っている大人の姿を子どもに見せる」は時間に関することだけでなく、ほかのどんなしつけでも使える方法です。小学生になると、子どもは親の行動をよく観察し、理解する力が高まっています。「ルールを守れと注意ばっかりして自分はやらない大人だ」なんて思われてしまえば、その後何度注意をしても、そのしつけの大切さを説いても、説得力がなく伝わりません。

たとえば「一緒にゲームしよう」と言われたら、「ちょっと待って」ではなく「3分待ってくれる?」と伝えて、その3分は絶対に守ります。その姿が、言葉の何倍も子どもには伝わると思うのです。

時間を守ることが当たり前になると、生活のレベルが上がり、学校でのストレスがかなり軽減されます。入学後のスムーズな学校生活につながっていくのです。

これは、決して「子どもを時間でがんじがらめにする」ということではありません。時間ばかり気にして、家庭でストレスを溜めてしまっては本末転倒です。守れなかったときでも、「あ～3分過ぎちゃったね。ちょっと急ごうか」くらいの、気楽で楽しい雰囲気のなかで取り組んでもらえればと思います。そして先ほど説明したように、守れたときには大いに褒めてあげてください。

感情のコントロールは「ネーミング」で攻略

学校ではいい子でがんばっている子も、「家では癇癪(かんしゃく)を起こしたり、うまくいかなくて泣きわめいたりする」と保護者の方から聞くことがあります。家だけでは収まらず、学校や習い事の場でほかの子に手を上げたり、暴言を吐いてしまうという子もいます。

「どうしてそんなことを?」と思ってしまいますが、**感情のコントロールというのはいきなりできるものではない**のです。子どもは少しずつ学び、経験し、感情の落としどころを知っていきます。大人はまず、そのことを認識しておく必要があると考えています。

算数で、たし算の後にひき算を学び、その後かけ算、わり算とレベルアップをしていくように、感情のコントロールも段階的に身についていくものです。そしてその成長速度には個人差があります。

私が学校で癇癪を起こしている子どもを見たときは、「おっ、感情のコントロールのやり方を練習しているところだな」と捉えます。こう考えれば、焦ったり、怒り返したりせず優しく対応できます。近づいて「～がしたかったんだな」「～が嫌だったんだね」と気持ちに共感し、落ち着くのを待ちます。時間がかかりそうなら「落ち着いたらゆっくり話そうね」とその場を離れても大丈夫。長引いたら時々近づいて横についてあげる。このように落ち着いて対応することが大切です。大人が焦ったり怒ったりすれば、感情を爆発させている子どもにとっていい影響はありません。

では、子どもが感情のコントロールを学ぶにはどうすればいいのでしょうか。私のおすすめする方法は、**「感情に名前をつける」**ことです。たとえば、怒ってしまう感情に「怒りん坊」、周りの子をたたいてしまう「たたき鬼」、買ってほしいとわがままで泣きわめくなら「買って買って星人」など。可能であれば、子どもと一緒にネーミングを考えましょう。子どもの精神状態が落ち着いているときに、「ねえ、ときどきすごく怒っちゃうじゃない？　あのときの気持ちに名前をつけてみない？　怒りん坊、怒り魔女、何がいいかなあ」と話をしてみてください。意外とのってきて、「プンプン大魔神がいい！」なんて名づけてくれるかもしれません。

そしてその名前を使って、その感情の説明をしてもらうのです。「プンプン大魔神が出てきたときって、どんな感じなの？」と聞いてみます。すると、「頭がワーッとなる」「自分でもどうしたらいいのか困る」などと話してくれる子も。なかには「わかんない」と言う子もいると思いますが、構いません。

次に、「プンプン大魔神が出てきたら、どうすればいいと思う？　何をすればどこかへ行っちゃうかな」と一緒に考えてみましょう。「どこかにもぐる」「テレビをつける」など子どもが話すこともありますし、もし出てこない場合は親がいろいろと提案してみてください。「違う遊びをしてみようか」「隣の部屋へ移動してみようか」など。「じゃあ、次に大魔神が出てきたら、そうしてみようね」と、試してみることを話しておきます。

この方法の利点は、感情に名前をつけることで、**子ども自身と感情を切り離して考えられる**ことです。問題は「感情」なので、「あなたはよくない」とその子自身が責めら

れる印象を与えません。「怒っている〝気持ち〟をどうしようか？」という話し合いになります。すると子どもも、前向きに考えることができるのです。
　ただし、感情に名前をつけたからといって、すぐに感情をコントロールできるようになるわけではありません。そんなときは、「また大魔神出てきちゃったね」と温かく受け止めてください。そしてまた子どもが落ち着いたときに、「次は何を試してみようか」と考えましょう。この繰り返しのなかで、子どもは少しずつ感情のコントロールを学んでいきます。

反抗期の子どもには「尊重する姿勢」で親子ともに楽に

高学年にもなってくると、反抗期と思われる言動が出てくる子もいます。親の呼びかけに面倒くさそうに返事をしたり、無視したり、ときには「うるさいな！」と口答えをしたり。親としてはショックを受けるし、腹が立ちますよね。負けまいと、より強い言葉を使ってしまいがちです。

知っておいてほしいのは、**「反抗期」が来るのは子どもの精神が健全に成長している証拠**だということ。むしろおめでたいのかもしれません。親のことを嫌いになったというわけではなく、精神的に自立しようとしている大切な時期なのです。

これまでは素直に言うことを聞いていたのに、「えっ」と思うような態度を取られたときは、「この子も成長しているんだなあ」とゆったり構えて、懐（ふところ）深く接してあげてください。嫌なことを言われたら、嫌な気分になったことは伝えていいと思います。けれどそれ以上の攻撃をし返しても、仲がこじれるだけでいいことはなさそうです。

もうひとつ、反抗期の子どもへの接し方でおすすめの方法があります。高学年にもなると先生にも反抗的な態度を取る子がいるのですが、そんな子には子ども扱いをせず、ひとりの大人として接するように心がけています。大人に対してであれば、感情的に怒ったり、頭ごなしに否定したり、考えや価値観を押し付けるようなことはしませんよね。干渉しすぎることなく、相手の意見も聞きながら、落ち着いて問題の解決方法を一緒に考えることと思います。たとえ小学生であっても、同じように接することで尊重する気持ちが伝わります。伝われば、むやみに反発する理由もなくなるのです。

反抗期は成長の証拠。それを親が受け止めて、相手を尊重して接することができれば、子どもの内面的な成長は加速し、遠からず落ち着いたコミュニケーションが取れるようになるでしょう。親子関係もより強固なものになりますので、ぜひ試してみてください。

小学生のネットトラブルは低年齢化＆増加傾向

インターネット環境の発達に伴って、小学校や家庭でのトラブルも非常に増えています。スマホやオンラインゲームを扱うにあたり、トラブルを予防するための指導やネットリテラシーについての講習を学校でも行っています。ひと昔前は高学年に多いネットトラブルでしたが、最近ではスマホ所持の低年齢化、オンラインゲームの普及といった要因から、低学年でも同じような問題が起きているのです。

いくら学校で教育を進めても、正直なところすべての問題を防ぐことはできません。親からネットトラブルの報告を受け、学校で聞き取りをして指導することも多々ありますが、学校で起きた問題ではないと、とくに事実の把握や問題解決に難しさを感じているところです。

ネットトラブルの未然防止や解決には、家庭での教育が非常に重要なのです。

では、具体的にどのようなトラブルがあるのか、またどう対応していくべきなのかをご紹介します。

●メッセージアプリ

LINEなどメッセージアプリでのトラブルは、近年非常に多くなっています。コミュニケーション能力が発展途上の小学生にとって、**文字のみで気持ちを伝えるのはかなり難しい**んですよね。大人同士ですら、テキストでのやり取りは慎重に交わしていても行き違いが起こりがち。子どもならなおさら、「こんなのが送られてきて傷ついた」「私はそんなつもりなかった」ということが頻繁に起っています。また高学年では「グループに入れる、入れない」「グループからはずす」などのトラブルが多い傾向にあります。

対応策としては、アプリを使わせる条件に**「親が内容を把握する」**を提示しておくこと。トラブルが起こってそれを親に伝えると、「そんなことがあったんですか!?」と知らなかったパターンがほとんどです。**誰とどんなメッセージをやり取りしているのか、どんなグループに入っているのかを、家庭で責任をもって把握**し、トラブルを未然に防ぐことが小学生の段階では必要なのです。

●オンラインゲーム

ゲームでのトラブルは、オンライン、オフライン関係なく起こります。その場に一緒にいれば解決もしやすいのですが、オンラインでお互いが離れた場所で起こるトラブルはこじれる傾向があります。友だちだけでなく、知らない不特定多数とつながれてしまう点でも気を付けたいところです。

誰とどんなゲームをしているのか、ゲーム中にどんなやり取りをしているのか、親がしっかり把握する必要があります。ゲームを楽しいものにするか、困った存在にするかは親の意識にかかっています。

●SNS

中学生になると、この問題が増える傾向にあります。小学生でもアカウントを持たせている場合は、「勝手に友だちの写真を投稿する」「個人情報がバレるような投稿をする」「知らない大人とつながる」といったことが、どのようなリスクを伴うのか具体的に説明しましょう。そのうえでのルールづくりが必須です。また、メッセージアプリ同様、「SNS内でのいじめ」もよくあるトラブルです。大人がトラブルに気がつきにくい性質があるので、あらかじめしっかりと扱い方について伝え、内容を見守り続ける必要があります。アカウントを持たせること自体を慎重に対応したいところです。

「学校に行きたくない」と言われたら学校を休ませる？

ここまで子どもの心のサポート方法をいろいろとご紹介してきましたが、どの項目でもベースにあるのは「温かく受け止める」ということ。不登校への対応も、同様です。子どもの「学校に行きたくない」という言葉を否定せずに、まずは親が温かく受け止めることはとても大切だと考えています。

とはいえ、これは本当に「言うは易く行うは難し」。一般論は置いておいて、いざわが子が「学校に行きたくない」と言い出したときに、その状況を冷静に受け止めることができるかどうか。これはとても難しいところです。

私は、**「不登校は、いつでも、誰にでも起こりうる」**と各家庭で認識しておくべきだと感じています。少し極端な例かもしれませんが、「わが子は絶対にケガをしない」なんて思っている人はいないと思います。元気に走っていれば転ぶかもしれないし、足をひねることだってあるでしょう。そのために救急セットを用意して、いざというときに備えている家庭も多いのでは。不登校についても、こんな捉え方をするのはいかがでしょう。すなわち、「うちの子が不登校になったときは、こう言ってあげよう。こうしてあげよう」と気持ちの面で準備をしておくのです。私にも小学生の子どもが2人いますが、このように備えています。行きたくない理由を知りたい気持ちはわかりますが、子どもはかなりの勇気を出して「行きたくない」と訴えているはずです。「なんで?」と切り返すのではなく、「そうか。そんなこともあるよね」と休むことを受け止めるのです。

学校に行きたくない理由は、休んでいるなかで話してくれるかもしれないし、話せなければ無理して聞き出す必要はありません。学校に連絡する際に、「学校での様子はどうだったのでしょう」と聞けば担任から話があると思います。

数日で登校できることもあれば、長期化することもあります。学校と連携を取りながら、焦らず対応を考えていきましょう。

いじめの被害者や加害者になったら……そのときどうする？

どれだけ学校が丁寧に対応したとしても、残念ながらいじめがゼロになることはありません。わが子にいじめ問題が降りかかったときに、家庭でできることは何なのでしょうか。被害者、加害者それぞれの場合について考えていきます。

●いじめられていた場合

わが子がいじめられていると聞いたら、感情的になってしまうのも無理はありません。けれど、まずは落ち着いて子どもの話を聞きましょう。**子どもの訴えは100％で受け止めて、「あなたの味方で、絶対にあなたを守る」と伝えてください。**その言葉が何よりの子どもの支えになります。

話を聞いてみたら「なんだたいしたことないじゃない」と思うこともあるかもしれません。それでも、いじめられていると打ち明けるのは、とても勇気のいることです。勇気を振り絞って話したのに、「それくらい大丈夫」「ちょっと我慢すれば」なんて言ってしまえば、今後、たとえもっとつらい状況になったときでも親に話さなくなる可能性があります。

子どもから聞いておきたいのは、「いつ、どこで、誰が、どのようなことをしてきたのか」といった具体的な情報。「いつから」「何回くらい」と、嫌だと感じた出来事について、あくまでも穏やかに、詰め寄らずに聞きましょう。具体的であれば学校も動きやすく、さらなる事実をつかみやすくなります。

そして、学校に伝える前には必ず、子どもに「学校に相談しようか」と聞いてください。「言わないでほしい」という場合もあります。そのときは、あなたには害がないように先生と協力するということ、いじめをなくすために学校の力が必要であることを丁寧に話してください。

学校に伝える際には、「どうなってるんだ！」と激怒して乗り込むよりも、冷静に

「うちの子からだけの情報なので偏りもあるかもしれません。何があったのか、事実を知りたいと思っています」と、あえてフラットな姿勢で臨んだ方がよいと思います。感情的にぶつかってしまうと、建設的な話し合いが難しくなってしまうからです。

いじめが事実とわかれば、相手側（いじめた側）の家庭に連絡が行きます。学校と子どもと話し合いながら、その後の対応を進めていくことに。もし、学校の対応に不審な点があるのなら、教育委員会などの外部機関へ相談することもできます。

●いじめていた場合

わが子が加害者だった場合、知るきっかけはほとんどが学校からの連絡でしょう。これはかなりのショックを受けることと思います。そのとき避けるべきことは、「うちの子は絶対にいじめなんてしません！」と反発すること。事実確認もせずに決めつける態度は、学校側に不信感をもたせてしまいメリットがありません。

その一方で、すぐにわが子を加害者と決めつける態度もNG。あくまでも**冷静に事実を把握すること、学校で行われる調査に協力すること**に努めてください。こんなときに冷静を保つのはなかなか難しいことですが、親の落ち着いた姿が子どもにはいい影響を及ぼします。反対に、カーッとなっていれば子どもも正しい態度を取りにくくなるでしょう。

子どもに対しては、いきなり叱責したり詰め寄ったりせず、とにかく穏やかに何があったのかを聞くようにします。同時に伝えてほしいのが、「誰だって間違いをすることがある」「大事なのは、これから」「どうしていくべきか一緒に考えよう」ということ。子どもが「正直に話した方がいいんだ」と思えるように、支えながら聞きます。もし、子どもが嘘を言ったり隠し通すことを許してしまえば、「嘘でうまくいく」という誤学習をさせてしまいます。

いじめが事実であれば、相手方への謝罪など学校と相談しながら対応していきます。子どもには、なぜそれがいけないことなのかをきちんと話します。そのうえで、これからどうしていくべきかを子どもと一緒に考えましょう。子どもの言った言葉は信じ、温かく見守っていくことが大切です。

COLUMN

サンバ先生の課外授業②

起こりやすいトラブルは性別によって違う？

学校教育の現場でもジェンダー平等に向かってさまざまな取り組みが行われています。とはいえ、男女別で起こりやすいトラブルは異なる傾向があると感じることもしばしば。もちろん個人差はありますが、参考にしてみてください。

男子に起こりやすいトラブル

勝ち負けにこだわる傾向があるので、ドッジボールやサッカーなど遊びの中でのトラブルが多いです。「ボールに当たった、当たっていない」「鬼にタッチされた、されていない」のような口論や手を出しあうようなケンカになることもあります。

●効果的な声かけ

興奮した状態の場合はまずは落ち着かせます。手を出したなど、ダメなことははっきりと伝える必要がありますが「～なところに腹が立ったんだね」と共感を示すことが重要。共感があれば自分の非を認めやすくなり、すぐにケロッと元気になることもあります。

女子に起こりやすいトラブル

スマホやSNSがらみのトラブルは、女子の方が多い傾向があります。また、友だちグループに関するトラブルもよく起こります。昨日まではあのグループにいたのに今日は違うグループにいたり、ひとりでいたりすることがあります。

●効果的な声かけ

女子のトラブルは複雑な場合が多いので、「気にしなくていいよ」という一見前向きな声かけが逆に子どもの悩みを大きくする場合があります。しっかり話を聞きながら、これからどうするか保護者の方や先生と子どもが一緒に考えることが大切です。

POINT

男子のトラブルの場合は一旦解決すれば引きずることはなく、さっきケンカしていた子同士がすぐに仲良く遊ぶ姿はよく見られます。逆に女子のトラブルは後々まで引きずることがあります。解決したように見えたとしても、しっかり様子を見守る。そして何かあったときに相談できる関係づくりを普段から意識することが大切です。

第3章

小学生におすすめの学習のサポート

ここからはおうち学習の
基本的な取り組み方を徹底解説。
と言っても、いきなり難しいことを
する必要はありません。
忙しい保護者の方でも無理なく取り組める、
〝令和のやり方〟をお伝えします。

おうち学習が今こそ必要な理由

この章では、いよいよ学習面のおうちでのサポート方法を紹介します。
「どうして学校にまかせちゃいけないの」「学校で完結させてよ」と感じる保護者の方もいらっしゃるとは思いますが、学校だけで学習内容を十分に定着させるのは、現実的に難しい状況です。多くの小学校では30~40人の子どもに対し、担任ひとりで教えなくてはいけません。そして国からは「これを学習させるように」と扱う内容がプラスされるばかりでマイナスされることはほとんどなく、時間的な余裕が捻出できません。「教科書をこなす」だけで精一杯になることもあります。本来であれば、ひとりひとりのレベルに合わせて、全教科で子どもをサポートするべきでしょう。けれど、それが無

理難題となっているのが今の小学校です。先生たちが本当に努力してやっていてもです。

そうなってくると、学校で学んだ内容をしっかり定着させて、子どもの力にさせていくためには、家庭のサポートが必要になります。

これは決して、「塾に行かせるべき」という話ではありません。もちろん行ってもいいのですが、**行かなくても家庭のちょっとした工夫で子どもの学力を伸ばすことはできます。**

忙しい学校から帰ってきたらゆっくりさせてあげたいという気持ちもあるかもしれません。放課後ぐらい外でたくさん遊ばせたいという家庭もあるでしょう。どちらも子どもが成長する上ですごく大切です。ぜひ思いっきり遊ばせてあげてください。

「とはいえ、遊んでいたら家で勉強する時間がない……」なんて方もいらっしゃるかもしれません。

大丈夫です。家庭での学習のサポートは、そんな合間を縫って、**わずかな時間に行うだけでも十分効果があります。**ゲームやテレビなど、子どもがしている何かを我慢させる必要もありません。ぜひわずかな時間から、気楽に始めていただければと思います。

小学校の単元テストのボーダーラインは80点

小学校では、各教科の単元が終わると学習のまとめとしてカラーでプリントされたテスト（カラーテスト）を行います。返却されたテストの点数が何点だったら安心しますか？　80点なら「まあ合格かな」というところでしょうか。

でも、小学校のテストでの80点は少し心配をした方がいい点数なんです。

というのも、**小学校のカラーテストには基礎的な問題しか出されません**。応用する必要があるような、難しい問題はまず出題されないのです。先生の話をちゃんと聞いて、授業の内容を理解していれば解ける問題ばかりです。

そもそも、平均85点くらいになるようにつくられているので、多くの子どもは90～

100点を取ることができるようになっています。このテストで**80点以下となれば、基本的な内容で理解していないことがある可能性大**。80点を取れている子がそのまま中学校に上がると、定期テストで60点ほどしか取れなくなると言われています。

とはいえ小学校のテストでは「1問10点」など配点の高いものもあり、ちょっとしたミスで80点以下になってしまうこともあります。それでも「なぜミスをしたのか」「次にミスをしないためにどうしたらいいのか」という分析や対策は必要です。「テストの振り返りや対策は、学校でしてくれるでしょう?」と思われている方、残念ながら、それらはほぼ行われません。

学校では、テストが終われば次の新しい単元学習が始まります。テストで理解できていない問題、ミスしてしまった問題は、そのまま改善されることなく次の単元に移ってしまうことの方が多いのです。これが積み重なって、勉強の苦手をつくり、勉強嫌いの子どもをつくってしまいます。

わが子がテストで80点以下を取らないように、またはしっかりとリカバーするためにも、家庭でのフォローは必須なのです。

どうサポートすればいい？おうち学習の基本

おうち学習、というと市販のドリルやワークが必要だと考える方もいらっしゃるかと思いますが、これらは不要です。**まずは学校の宿題のサポート**から始めましょう。

最近、「宿題では学力は上がらない」といった批判を浴びがちですが、使い方次第で学力アップへの大きな力となり得ます。宿題は、教育のプロである先生が「授業内容」「今の子どもたちに必要な学習」を踏まえ、毎日考えて出しています。よって、**授業に対する理解力や学力向上を図るうえでかなり使えるツール**なのです。保護者の方にとっても、宿題に加えて別の学習をするよりも、宿題そのものにしっかり取り組む方が時短にもなり、ハードルが低いのではないかと思います。

宿題をサポートするべきと考えるもうひとつの理由は、「宿題を作業にさせない」ため。子どもにまかせっぱなしにすると、とにかく早く終わらせることが目的になりがちです。「問題の答えが合っているか」「内容を覚えているか」といったことを意識することもなく、ただの作業となってしまっていることが多いのです。

「学習習慣をつける」という点で言えば、たとえ作業であっても意味があるのかもしれませんけれどせっかく毎日するのであれば、宿題を「作業」ではなく「学び」にしていただきたいと思います。

もうひとつ、**おうち学習でおすすめなのが「予習」**です。塾のようにどんどん先取りする必要はありません。少しでいいので、「次の授業で勉強する内容がわかる」程度にしておくと、子どもの授業への意欲がかなり変わってきます。勉強への不安も、かなり軽減します。具体的な取り組み方は96ページで紹介しますが、家庭で一度予習しておくと、授業が復習となり、より学習内容を定着させられます。予習が習慣となれば、高学年や中学校でもかなり有利に働きますのでぜひ取り組んでみてください。

親子それぞれにとっての宿題の目的を意識する

具体的なおうち学習の方法をお伝えする前に、確認しておきたいことがあります。86ページで「まずは学校の宿題」と書きましたが、もし子どもから「なんで宿題をしなきゃならないの?」と聞かれたら、みなさんはどう答えますか?

「勉強の習慣をつけるためだよ」「学力を上げるため」「復習になるから」「学校に言われたから」「やっていかないと先生に怒られるよ」——等々、いろいろあるかと思います。

ただ、宿題の効果を高めるためには、目的をはっきりさせることが大切です。

子どもにとって、その目的はずばり「復習」と「学習の習慣化」。

一方で、保護者の方には以下2点を意識して宿題のサポートをしてほしいのです。

まずは、**「子どもの学力を細かく把握する」**こと。前述の通り、宿題は授業で習ったばかりのことを復習する内容であることがほとんどです。宿題に取り組む様子を見れば、「学習内容を理解できているか」がわかります。理解していないとしたら、「どこでつまずいているのか」がわかります。「うちの子は算数が苦手で」とおっしゃる方はとても多いのですが、具体的にどこができていないのかを把握している家庭はなかなかありません。学習面を支えていくうえで、子どもの理解度を把握しておくことはとても大切です。

次に、**「子どもがおうち学習を好きになる」**ことを目的としてください。いくら教材を揃えても、環境を整えても、それでおうち学習が習慣化することはありません。「好き」と思わせることが、なにより効果的なのです。

これを意識すれば、どういう指導が子どものためになるかは明らかですよね。「早くやりなさい！」「間違ってる！　もう一回」のような声かけをしていれば、おうち学習を好きになりようがありません。「好き」とまで言わせなくても、「家で勉強するのも悪くない、むしろいいことがある」と思わせられればこちらの勝ちです。

宿題で学力が上がる！サポートのポイントは4つ

88ページでお伝えした「子どもの学力を細かく把握する」「子どもがおうち学習を好きになる」ための、子どもへの関わり方を具体的に紹介します。

宿題をする様子を見守る

低学年ならば、横についてサポートするのがおすすめ。ただ、じっと見つめているとプレッシャーになるかもしれないので、隣で親も勉強をしたり、仕事をしているのがよいでしょう。ただし、つきっきりで見守る必要はありません。家事などの作業をしながら、時々近寄って声をかけるのでも十分です。

●終わった宿題を一緒に確認する

確認は、必ず一緒にすることが大切です。学童などで宿題をしてきた場合は、帰宅後に一緒に確認する時間を必ずつくってください。

●とにかく褒める

宿題中は、小言を言わないこと。そして様子を見守りながら、終わった宿題を見ながら、とにかく褒めてあげましょう。

褒めるポイントは、「がんばってるね」「集中できてるね」「姿勢よく座れているね」「前はできなかったのに、できるようになってる!」「すごいなあ」「前より早くできたね」「ちゃんと理解できてる」「先生の話をしっかり聞けている証拠だ」「成長しているなあ」「こんな問題もできるようになったの!?」「丁寧に書けているね」「いい字だなあ」「何回もやり直して、がんばってる」「最後までよくやった」「わからないことを質問で

きたね」「宿題をやろうとしただけでもえらいよ」「毎日よくがんばってるよ」などなど。**宿題中は褒め言葉以外使わない、くらいの覚悟**で臨んでみてください。

間違えた問題を解き直す

間違えた問題は、スマホで写真に撮ったり、メモを取っておくことがおすすめ。苦手を把握できると同時に、後々の復習を効率よく行うことができます。

そしてその際、間違えたとしても褒めることを忘れないでください。

「おしい！」「ここまではできたんだね」「あきらめずによく考えたんだ～」「式は書けているよ」など、間違えた部分に注目するのではなく、できた部分を褒めてあげましょう。褒めたうえで、「一緒に考えてみようか」「こうしてみたらどうだろう」と解き直していきます。

ときに、同じ間違いを繰り返し、何度も説明しなくてはならないことがあるでしょう。そんなときでも、「だーかーらー」のような嫌味な言い方をしたり、「何回言えばわかるの！」と叱るのは絶対にタブーです。おうち学習を嫌いにさせる、呪いになると言っても過言ではないでしょう。イライラしてしまう気持ちは、すごくよくわかります。でも、それでもです。

これら4点を参考に、宿題のサポートをしてみてください。一番大切なのは、「褒める」。親がこれらの覚悟をもって接し、サポートを継続することで、子どもは宿題を「学び」とし、自らできるようになるでしょう。

計算ドリルや漢字ノートより大事な宿題……それは音読！

小学校の宿題で、あまり重要視されていないけれど、実は非常に大切なものはなんだと思いますか？　それは、音読です。

みなさん、音読の宿題はしっかり聞いてあげているでしょうか。低学年のうちはちゃんと聞いてあげて、音読カードにも親が記入しているかもしれません。ところが高学年になるにつれ、授業中に音読させると「あれ？　本当に家で読んできた？」と感じることがよくあるのです。読んでいないのに、カードには読んだことにして自分で書き込んで提出しているのでしょう。

なぜ、音読の宿題が重要なのか。それは、**「音読がうまい子は学力が高い」**からです。

学力の高い子で、音読がうまくない子にこれまでひとりも会ったことがありません。そういう子は、初見の文章でも、難しい表現が含まれる文章でも、ある程度スラスラと読むことができます。それは、**文章の意味をパッと理解している証拠**になります。音読を繰り返すことで、その力がついていくのです。「音読が上手な子どもは読解力が高い」という研究データも報告されています。

読解力は、国語だけでなくすべての教科の学習に関わります。その点でも、音読の大切さは明らかです。

毎日のことなのでつい、「今日はいいか」となってしまいがちですが、それが常態化すると子どもも読まなくていいものとしてしまいます。できるだけ、音読はしっかり聞いてあげてください。同じ文章は日を追うごとに上手になっていくと思うので、「だんだんうまく読めるようになっているよ」「昨日よりスラスラ読めてる」などと褒めて、**音読のモチベーションを高めましょう**。褒められれば、子どもも「もっとうまく読もう」と意欲を高めていきます。上手に読もうという意識ができれば、日々繰り返すことで確実に上手になっていくでしょう。

「これ知ってる」が子どもを救う！　予習のすすめ

86ページでおうち学習においては、「宿題のサポート」と「予習」が大切だとお伝えしました。ここでは「予習」についてお話しします。

予習をしておけば、授業での理解度が高まる、授業を復習として活用できるメリットがあります。さらに、授業で子どもの様子を見ていると、予習の効果をさらに感じることがあるのです。

たとえば普段はそんなにやる気のない子でも、授業のなかで好きな生き物が取り上げられているときはいきいきとします。やる気満々で、積極的に手を挙げて発表します。いつもの様子とはうって変わってその授業ではヒーローになるのです。

ほかにも、算数が苦手で消極的な子が珍しく自分から手を挙げて発表したので、「がんばったね」と声をかけると、「昨日お母さんとやった」と嬉しそうに話してくれたということもありました。

授業のなかで、「知ってる！」「聞いたことある！」「やったことある！」が出てくると、子どもの意欲は爆上がりします。その頻度を上げる予習は、非常に学習効果が高いのです。

学校で過ごすほとんどの時間は、授業時間です。その時間を楽しく、自信を持って過ごせることは、長い学校生活を送るにあたって子どもの幸せに直結するでしょう。わが子は勉強が苦手という場合ならとくに、これから授業で扱う内容を少しでも先取りしておくことはとても有効になります。

「復習の方が大事と聞いたことがあるのですが」という方もいるかもしれません。せっかく習った内容を定着させる復習も、当然重要です。宿題を復習として活用し、プラスして少しだけでも予習ができたら素晴らしいことなのです。

おうちで取り組む予習は気負いすぎなくてＯＫ

家庭での予習は、塾のようにガンガン先取りしていく必要はありません。目的は、授業中に子どもが「これ知ってる！」と思える状況をつくること。そのためには、少しだけでもいいのです。

予習は、算数がおすすめ。なぜなら「昨日予習したおかげで問題が解けた」と、予習の成果が子どもにわかりやすいからです。

たとえば、計算ドリルの宿題のついでに、次のページの問題をひとつか2つやってみます。「これ一緒にやってみよう。明日授業できっとやるよ」と話しかけて、一緒に取り組んでみてください。または、教科書で次の日に取り組むであろう箇所を確認するのもよいと思います。新しい問題の解き方を、一緒に確認し、やってみます。**前日に1問やっているというだけで、翌日の授業のハードルは大きく下がります**。

ただし注意してほしいのは、「無理をしない」ということ。嫌がるのを無理強いして、家での勉強が嫌いになってしまっては本末転倒です。子どもにも親にも負担があまりないように、少しずつ試してみましょう。子どもが翌日学校で、「予習してよかった」と思えることが大切です。

「次の問題もやってみたい」なんて子どもが言い出したなら、予習の大切さとお得さを子どもが実感した証拠。予習への意欲が高まっているようなら、取り組む内容や問題を増やしていってよいと思います。無理のない範囲で、少しずつ予習をする習慣をつけていってください。

もし、宿題だけで精一杯で、終わるとすぐに席を立ってしまうというような場合は、宿題と連続してやらなくてもいいのです。1日のなかのちょっとした隙間時間を利用してみてください。詳しくは、このあとのページで説明します。

学習後すぐの声かけが習慣化&学力アップのカギ

ここまでは、おうち学習の大切さや、方法についてお伝えしました。次に学力をより高めるために「おうち学習が終わったあと」に親がすべきことをお話しします。

宿題や予習など、おうち学習が終わったあとに親が何も感想を言うことなく「はい終わりー」としてしまう。これは、非常にもったいないことです。

おうち学習が終わったあとは、**子どものがんばりを振り返って声をかけて**あげましょう。「集中して取り組めていたね」「前は解けなかったやつ、解けるようになってたね！」「こんな問題が解けるのはすごいよ」「予習までできちゃった！」「難しい漢字も書けるようになってるね」など、勉強中だけではなく終わったあとの褒め言葉もとても重要です。

こんな**言葉かけが、子どもの「がんばってよかった」「明日もがんばろうかな」という気持ちを生み出す**のです。この意欲の高まりが、徐々に学力の高まりにつながっていきます。

あとで振り返っていいところを褒めなきゃと思えば、間違ったり集中力を欠いたりというマイナス面より、いいところにフォーカスできるようになるでしょう。

振り返って褒めるタイミングは、学習の終わった直後。もし子どもがすぐにゲームなどに飛んで行ってしまったら、褒めても届かない可能性があるので時間をあけて。食事中など落ち着いて話を聞いてくれる場面で、「毎日本当にがんばっているよね」と話してみてください。

高学年になると、褒めてもあまり反応がなかったり、あまり喜んでいるように見えないかもしれません。逆に、面倒くさそうな顔をするなんてことも。けれど、それは照れもあってのこと。絶対に届いています。

学習が終わったあとにこそ、ねぎらってあげることがおうち学習を定着させるポイントです。

おうち学習がはかどる環境づくりのポイント

おうち学習を習慣化させるには、環境づくりももちろん大切です。やる気を高める環境のポイントをいくつか紹介します。

●学習スペースを決める

小学生は、**保護者の目の届くところで勉強**するのがおすすめです。ひとりになれば、どうしたって自由に遊びたくなってしまいますから。また習慣化のためには、「勉強するのはここ」という定位置を決めることをおすすめします。「今日はどこでしようかなあ」と考える手間が省けます。

机まわりはできるだけすっきりと整頓し、ゲームなど誘惑になるようなものが目に入らないように片付けておきましょう。学習に関係のあるポスターなどであるならば張っていても構いません。

●イスの高さを調整する

足がプラプラしている状態は、姿勢や集中力を保つのに向いていません。足の裏がピタッと付くようにイスを調節してください。付かなければ、踏み台などを利用して。

●勉強する時間を決める

習慣化には、いつ宿題や予習を行うのか決めておくことも大切です。「帰ってきてすぐ」「夕食の前」「ゲームの前」「朝早く起きて」など、子どもと話し合いながら、ご家庭の生活に合わせて決めてください。

●勉強道具一式を置いておく

鉛筆、消しゴム、下敷きなど、一式まとめて学習スペースの近くに置いておきましょう。勉強をスタートするまでの作業をできるだけ少なくし、**始めるまでのハードルを低くします**。サッと取りかかれるように。

ミニホワイトボードを活用する

このあと第4章でお話ししますが、勉強道具と一緒にホワイトボードを置いておくことをおすすめします。計算方法を書きながら説明したり、予習の問題をホワイトボードに書いて子どもに渡すなど、パッと勉強をさせたいときに本当に使えます。

親の本や、親が勉強するための教材を置いておく

子どもが勉強をするときに、**親が隣で本を読んだり勉強をする**ことは、子どものおうち学習の習慣付けにとても大きな効果があります。もし一緒には勉強できなかったとしても、親も勉強する姿を子どもに見せて、生活のなかに学習があることが自然なんだと印象付けることはとても大切です。

学習中はテレビ、スマホを見ない

学習中は家族で協力をしてテレビを消すことが大切、とはよく言われています。それに加えて、**勉強中は親もスマホを見ない**ことをおすすめします。周りでスマホを見ている人がいれば、どうしても気になってしまうからです。子どもに「勉強中にスマホをいじらないで」「動画を見ながらなんてダメ」と話しているのなら、一緒に親もそのルー

ルに則って過ごすといいでしょう。
いろいろと「こうしてください」とお伝えしてきましたが、縛られることはありません。あくまでも目安ですので、状況に応じて柔軟に対応してほしいと思います。
とくに、子どもの方から「今日はあっちで勉強したい」「今日は最初にゲームをしたい」など要望が出た場合は、否定するのではなく要望を受け入れる方がよいでしょう。どんな要望であれ、子どもが自分自身で考えて「今日はこう勉強するんだ」と決めているのです。尊重してあげた方が、自分で計画して勉強する姿勢や、自立心が育つでしょう。

勉強が苦手な子どもにはとことんハードルを下げる

よく耳にするお悩みは、「うちの子はもう勉強が嫌いになってしまっていて、なかなか取りかからないんです」「勉強をイヤイヤやっていて、集中力もすぐに切れてしまいます」といったもの。

すでに勉強が苦手になってしまっている子におすすめなのが、ハードルを下げるということです。子どもが少しでも「勉強しようかな」と思えるような、ハードルの下げ方を紹介します。

●勉強の準備を手伝う

宿題をするにしても、まずはランドセルをあけて、連絡帳で内容を確認して、計算ドリルと漢字ノートを出して、筆箱も出して、鉛筆を削って、机まで行って、ノートを開けて……と、勉強にたどり着くまでにかなりの準備が必要です。

大人からすればたいしたことがなさそうですが、子どもにとっては面倒だし大変。たどり着いた先も苦手な勉強となれば、気も重く準備にすら取りかかれません。

そこで、**親が勉強の準備から手伝ってあげる**のはいかがでしょうか。子どものやる気が出ないなら、音読のページを開いておく、計算ドリルのページも開いておくといった準備までしてしまってもＯＫ。とにかく始めるまでのハードルは下げられるだけ下げましょう。

消しゴム役をする

勉強をする際に、子どもにとって大きなストレスとなるのが「間違えてやり直しをする」ということ。とくに、消しゴムで消すという作業は負担が多いように感じます。勉強が苦手な子ほど、その作業が何度も繰り返されることになるので、余計にストレスが大きくなります。

そこで、**親が代わりにきれいに消して「大丈夫だよ」と声をかけて**あげればだいぶハードルが下がります。間違うことや、やり直すことへの抵抗感もなくなるので、おすすめの方法です。

完璧主義を捨てる

「準備を手伝う」「消しゴム役をする」にもつながりますが、「すべて子どもが自分でやるべき」という考えを捨ててみてください。

学校の宿題は、子どもの学力に関係なくすべて一律に出されます。宿題の内容や量が、子どもに合っていないということは当然あり得るのです。宿題に取りかかるまでに時間がかかり、始めてもなかなか進まない場合は、宿題が子どものレベルに合っていない可能性があります。そういった場合には、答えに相当近いヒントを与えてもいいのです。そうして最後の2～3問だけ、「自分でできるかな」「わからなければ教えるからね」とやらせてみてください。

すべての問題を自力でやらせるのは、ハードルが高い子だっています。**「一緒にやる問題」「自力でがんばる問題」と分けて取り組ませる**ことで、スムーズに宿題を進めることができると思います。1問でも自力でできたら、「がんばったねー!」と大きく褒めてください。もし保護者の方でもフォローが難しいときは、担任の先生に相談してみるのもいいでしょう。

親にとっての宿題の目的は、「家での勉強を好きにさせる」こと。「自力でやって当然」「全部自分で解くのが宿題」というところからは、考え方をシフトしてください。

とくに、学習に苦手意識をもっている子どもに対しては、ハードルを限りなく低くすることが有効なのです。そのなかで、がんばっている部分に注目し、褒めて、学習への意欲をすこしずつ高めていきます。

その繰り返しのなかで、いつか、高いハードルにあたったときにも「やってみよう」という意欲が芽生えるはずです。

勉強は1日5分からでOK！継続することを意識して

よく、「宿題以外の勉強にどれくらいの時間をかければいいですか」という質問を受けます。「学年×15分」というのが目安と言われていますが、これでは4年生で1時間、6年生では1時間半と、だいぶハードルの高い設定です。

勉強では**時間以上に「継続」が重要**です。1日だけ1時間以上勉強できたとしても、その日だけでは内容が定着しません。人間はすぐに忘れる生き物です。繰り返して、何度も同じことを学ぶ必要があるのです。一度やっただけで身につくのなら、勉強嫌いになる子もきっといないことでしょう。

勉強時間については、まずは「無理のない」範囲から始めて、毎日続けられる内容と量を少しずつ見極めていきましょう。とにかく、「継続」に重点をおいてください。

「6年生なんだから1日1時間半！」といきなり目標を立てるのではなく、少しの時間から始めて、子どもの意欲を高めていき、少しずつ目標とする時間を目指せばよいと思います。

「うちの子には継続力がないんです」と言う方もいますが、これは違います。小学生が自分から進んで勉強するなんて、そもそもめったにあることではありません。一度できたとして、翌日からも自分で続けて勉強するということもほぼないでしょう。継続力がないのではなくて、それが普通の子どもなのです。

だから、**子どもが継続できるように、大人が工夫をする必要があります**。「5分でいいから」「3問だけ」「一緒にやろう」と、寄り添うことが大切です。大人でも、いきなり「毎日腹筋30回×3セット」と言われて続けられる人はほぼいません。「毎日3回やりましょう」なら、続けられる人はぐんと増えます。3回を繰り返すうち、自然と「せっかく始めたから5回」「10回」と増やしていける。すると効果が現れてきて、継続するモチベーションが高まっていく。子どもの勉強も同じなのです。

机でするだけが勉強じゃない！隙間時間を有効活用

110ページで勉強時間について触れましたが、勉強時間にカウントするのはなにも「机に向かっている時間」だけではありません。

たとえば九九の歌を流して、聞いている時間も立派な勉強です。大人でも、移動時間や家事時間を勉強時間にあてている方は多いと思います。そう考えると、子どもの勉強できる時間や場所は、大きく広がっていくのではないでしょうか。

よくおすすめされているのは、入浴中にポスターを見ながら数字を唱えたり、曇った鏡を使って漢字を書いたりすること。入浴中は心身ともにリラックスしているので、脳への定着効果も上がるのだそうです。ほかにも、ソファで寝転がってテレビを見ているときに、CMになったら「この漢字読める?」「これ、昨日宿題で間違えたやつ。今日はできるかな?」などと言って、ホワイトボードに書いた問題をパッとやってもらう。CM中はどうせ暇なのですから、雑談の延長のような感じで学習ができてよいと思います。

ほかにも、「移動中」「食事の前」「食事中」「歯磨きのとき」「寝る前」などの隙間時間に、クイズのような雰囲気で問題を出してみましょう。なにも、この隙間時間すべてに学習を差し込めということではありません。

ちなみに私は朝、食事前と食事中に必ず自分の子どもと予習復習をしています。すると子どもの方から「お父さん、今日勉強しないの?」と言ってくるようになりました。

日中が忙しくてまとまった勉強時間をとれないという場合は、こういった隙間時間に少しでも取り組んでみてください。**1回1回の勉強時間は短いですが、「塵(ちり)も積もれば山となる」**です。何もしなかった1年と、塵を積もらせた1年では、学べたことの量の差に歴然の差があるでしょう。もちろん、無理強いはせず楽しくできるように。毎回問題を書く必要もありません。「7×8は?」でも、「あそこに見える看板の漢字で熟語をひとつつくろう!」のようなものでも十分です。

できるようになった問題は"子ども先生"に説明させる

短い時間で効果の高い学習方法があります。それは、親が子ども役になり、「この問題をどうやって解いたのか教えてください！　先生！」と質問して子どもに説明させる方法です。説明させることによるメリットは3つあります。

まずひとつ目は、**子どもの理解度を確認できる**ことです。最初から最後までちゃんと説明できるのなら、しっかりと理解している証拠。説明できないときには、「まずこれを足せばいいのかな？　次は……」と親がアシストしてあげましょう。途中からでも説明ができるなら、ある程度は理解できていると考えられます。もし「てきとーにやった」といった返答だったり、ひとつも説明できない場合は、理解しているわけではなく、たまたま答えにたどり着いた可能性が高いです。やっぱり親が「まずはこうするよね。次はこうかな」と導いて、一緒に確認してください。すると、理解度が上がります。

次のメリットは、子どもの理解を、**しっかり定着させられる**ということです。勉強内容は、一度できたからといってすぐには定着しません。何度も繰り返すことで、ようやく身につくもの。そこに「自分の言葉で説明する」を取り入れると、「なんとなく」ではなく理路整然と解き方をなぞる必要があるので、脳に定着させることができるのです。

最後のメリットは、**自信を高められる**ということ。子どもでなくても、自分の知っていることを「教えて」と頼まれて説明するときは気分がいいですよね。子どもも同じで、説明をしっかりと聞いて、「よくわかった、ありがとう！」と感謝されたり褒めたりされれば、学ぶ喜びと同時に自信を高めることにつながります。

ポイントは、説明の上手下手は気にしないこと。自分の理解を言語化することに意味があるので、「今の説明じゃわからないな」などとは決して言わないでください。そして多くの場面で、「どうやって答えを出したの？」と聞いてみてください。説明を続けることで表現力が上がり、説明も上手になっていきます。

ポイントカード方式のごほうびでやる気アップ！

「勉強にごほうびをあげるのはあり？　なし？」という議論がよくなされます。結論から言うと、私は「あり」だと考えています。

理想を言えば、ごほうびがなくても自分から「勉強したい！」と思ってほしい。でもそうはいかないことがほとんどですよね。ゲームや動画といったラクでおもしろいものがあふれているなかで、勉強を楽しみにできる子はひと握りでしょう。そこで、ごほうびをうまく活用して、子どものモチベーションを高めることはありだと思うのです。

ごほうびをあげるときに注意すべきことは、**「結果ではなく努力に対してあげる」「ものを与えすぎない」**ということです。

おすすめは、**ポイントカード方式**。宿題などその日にすべき勉強ができたらシールを1枚。さらに自分で予習などに取り組めたら、もう1枚貼ってあげます。わが家の場合は、10枚たまったらごほうびに100円をあげるようにしています。

この方法のよいところは、毎回ごほうびが出るわけではないので与えすぎずに済むということ。あんまり簡単に手に入ると、その価値に慣れてもっと高額でないと動かないということにもなりかねません。

そして「全問正解したら」「100点を取ったら」といった結果ではなく、日々のがんばりにごほうびをあげるので、子どものやる気は高まります。シールの数を見れば、「今までこれだけがんばってきたんだ!」とそれまでの努力が可視化もされます。

ごほうびがお金ということにも、メリットを感じています。ほしいものの購入を目指して計画的に貯金するなど、お金の概念や価値を学ぶ機会にもなるからです。

そのほか、「経験」のごほうびもおすすめです。家族で食事に出かけたり、子どもが行きたがっていた施設や公園に行くなど、楽しいイベントをごほうびにすることも、子どものやる気を支えてくれるでしょう。

おうち学習をするうえで親が持つべきマインド

ここまで、家庭でできる学習へのサポート方法についてお伝えしてきました。無理なくできるところから、ご活用いただければと思います。

なかなか宿題をしようとしなかったり、教えても教えても理解できない姿を見てイライラすることもあるでしょう。親の方がつい怒りを表出させてしまい、自己嫌悪に陥る方もあるかと思います。そんなことは、私もあります。どの家庭にもあることです。けれどもやはり、勉強に関して親がイライラしたり怒ったりするメリットは1ミリもありません。

私は教師として、人を傷つけるような行動をとっている子を見れば当然叱ります。でも勉強に関することでは、絶対に叱らないと心に決めています。

授業中にやるべきことをせずにダラダラしている子がいたら、「ごめんごめん、君がやりたいと思う気持ちを私が引き出せてないよね」と考え、「一緒にやってみよう！」と明るく声をかけるようにします。

「100回説明してもわからない子どもに、101回目を優しく丁寧に教えるのが教師や親の役割」と考えて、日々子どもと接しています。わが子の勉強を見るときも、**「今からは褒めるだけ、褒めるだけ、褒めるだけ……」と心の中で唱えます**。こうすると、何度間違えても「おしい！　もう少しだね、ここまでよくがんばった！」と言うことができるのです。

子どもの勉強への自信や意欲を高めるうえで、一番の影響力を持つ人物は、間違いなく親です。心のサポートと同じように、勉強においても子どものどんな姿も受け止め、そしてたくさん褒めていただければと思います。

COLUMN

サンバ先生の課外授業③

実録！ サンバ家のおうち学習

ここまでいろいろと偉そうなことを書いてきましたので、「そう言うあなたのお宅では?」と思われている方もいるでしょう。ここではわが家のおうち学習の様子を紹介します。

+α 朝の学習 5～20分

朝食の時間を予習にあてて、算数の少し先の単元の問題をホワイトボードに書き、数問解かせます。まったく初めての学習の場合は、説明をしながら解き方を見せます。見せるだけでも、勉強になっています。

マスト 宿題 15～45分

学童で終わらせてくる日と、家でする日が半々です。学童でしてきた日は、終わった宿題を一緒にチェック。お伝えしたように、ポイントは「一緒に」。間違いを指摘するためではなく、がんばりを伝えるためです。「丁寧に書けてるね」「こんな難しいの解けるようになったんだ」など、褒めていきます。間違いを見つけたら、「これは難しそうだね、一緒にやってみようか」と声をかけます。家で宿題をする場合はできるだけ横について、親も仕事や家事をしながら見守るようにしています。

+α 夜の学習 5～20分

夕食時にはおもに復習に取り組みます。宿題で間違えたものや、過去に苦手だったものに少しだけ取り組ませます。続けるうち、「お父さん、算数のあれがわからないからご飯のとき問題出して」と言ってくるようになりました。

+α 移動時の学習 15～30分

わが家は車移動が多いので、車内では学習ソングをかけています。九九、都道府県、歴史人物などの歌を流すと、子どもはすぐに覚えて歌うので、耳のよさにいつも驚いています。1年生の娘は入学前から九九を覚えており、歌の力を実感しています。

POINT

毎日少しずつでも続けることで、自分から「今日は勉強しないの?」「今日はあの勉強がしたい」と言うことも増えてきています。ときには、タブレットのアプリや、ワークで自主的に勉強をしていることも。無理なく、褒めながら続けることで、自ら学ぶ姿勢が育つことを身をもって実感しています。

第4章

教科別
おうち学習のアイデア

最終章では、
教科ごとに学習の取り組み方を紹介します。
まずは子どもが興味が持てそうなところ、
保護者の方がやれそうなことから、
ひとつずつ取り組んでみてくださいね。

算数

算数はどんなに苦手でもおうち学習で必ず伸びる！

保護者からの相談で、ダントツに多いのは「算数に関する悩み」です。
算数は、「できる・できない」がハッキリと出る教科。わが子のテストやドリルの答えがごっそり間違っているのを見れば、不安になるのも無理はありません。なかには、「うちの子は算数がダメなんです」とはなからあきらめてしまうご家庭も。すると子ども自身も「僕は算数が苦手だから……」と決めつけてしまい、勉強に意欲を持てないという悪循環に陥ってしまうことが多いのです。

しかし私は**算数こそ、家庭のサポートで必ず伸ばせる教科**だと考えています。
算数は、「積み上げ型」の教科。どこかでつまずくと、その後の学習に影響します。

たし算ができなければひき算はできませんし、かけ算ができなければわり算も同様です。

しかしこれは、「一度つまずいたら終わり」なのではなく、「つまずいているところができるようになると、そのあとがわかるようになる」ということ。それって、勉強の楽しさや醍醐味そのものです。勉強する喜びを味わえるチャンスにもなり得るのです。

算数は学習の順序がはっきりしているので、つまずいた箇所までさかのぼりやすいともいえます。たとえば、「わり算の筆算が苦手」な子に必要なのは、「簡単な数字での練習」「二ケタ×一ケタのやり方確認」「九九の復習」といったところ。〝ここを押さえれば理解できるようになる〟がとてもわかりやすいのです。

よって、つまずいているポイントまで戻って、練習を繰り返していくことで、算数の力は必ず伸びます。

保護者の方にとって難しいのはきっと、「つまずいているところがわからない」「宿題以外まで手が回らない」といったところでしょう。でも、大丈夫。各ご家庭でできるサポートの方法を具体的に説明していきますので、できそうなことから試してみてください。

算数

つまずいたポイントはどこ？おうちでできる2つの見つけ方

算数が苦手な子のサポートで、まず大切なのは「どこでつまずいているのか」を把握することです。このとき、子どもに「わからないところはどこ？」と聞いても「どこがわからないのかわからない」ということが多く、ここが難しいところです。一緒に、丁寧に解き明かしていきましょう。

つまずきポイントの見つけ方は2つ。ご家庭でできるものをご紹介します。

●数字を簡単なものに変える

たとえば「二ケタ×二ケタ」の計算ができなかったら、「二ケタ×一ケタ」に取り組ませてみてください。解けたら、「二ケタ×二ケタ」の計算方法をもう一度確認して、練習。できなかったら、「二ケタ×一ケタ」の計算方法の確認と練習。併せて、九九が定着しているかの確認もしておきましょう。

文章問題の場合も、わからなければ小数や分数の数字を簡単な整数にして取り組ませてみます。解ければ「文章は読み取れている」とわかります。解けない場合は、文章の中に意味のわからないところはないか確認します。

計算ドリルをさかのぼる

もうやり終わっている学校の計算ドリルを、もう一度やってもらいます。取り組む場所は、苦手な単元のひとつ前。たとえば「たし算の筆算」が苦手なら、その前の「たし算」の問題を1～2問だけ。できなければ前のページに戻ることを繰り返せば、どこでつまずいているのか、どこまでならできるのかがわかります。

教科書でもいいのですが、わかりやすいのはドリル。学習に不安を感じている場合は、終わったドリルも捨てずに保管しておくことを強くおすすめします。

算数

ミニホワイトボードで3問！ラクラク練習で苦手克服

「うちの子は宿題で手一杯で、そのほかにドリルをやらせるなんてとても無理」と感じている保護者の方は多いかと思います。負担が大きすぎると、子どもも嫌になってしまいますよね。

そこでおすすめなのが、小さなホワイトボードに2、3問だけ問題を書いて取り組む方法。これだけ量が少なければ保護者の方の負担も少ないですし、取り組む時間もそんなにかかりません。また、小さいホワイトボードならダイニングテーブルにも置けますし、テレビのCM中にソファで取り組むこともできます。

出す問題は、前のページで見つけたつまずきポイントの前のところ。あえてできる問題を1、2問解かせて、できたらしっかり褒めてあげます。そのあとの3問目に、「じゃあこれにも一緒に挑戦してみない？」などと声かけをし、つまずいている問題に挑んでもらいます。

子どもにとってもホワイトボード学習は、親が書き込んで一緒に取り組むという点で、伴走者のいる安心感があります。勉強へのハードルを下げる、よいきっかけになるでしょう。**ホワイトボードは勉強への意欲を高める最大のアイテム**とすら、感じています。

「1日にたった2、3問で本当に算数が伸ばせるのか？」と思われるかもしれません。学習は「量」も大切な要素ですが、「日々継続」することはさらに重要です。

できなかった問題が一度解けたとしても、しばらく離れているとまた解けなくなるというのは算数ではよくあることです。一度解けた問題を、次の日にもう一度解く。それを3日、4日と続けていくことで、ようやく苦手が克服されます。

少しずつでもいい。とにかく継続することが大切です。これを意識して、ホワイトボードを活用してみてくださいね。

算数

算数が得意な子は、数と○○が結びついている!?

低学年のころから算数が苦手な子どもたちを見ていると、つまずきポイントに同じ傾向が見られます。

それは、「数と量が結びついていない」ということ。

たとえば「3」という数字を見たときに、「マルが3つ」「リンゴ3個」のように数字の表す量が頭に浮かぶか、浮かばないか。量がパッと浮かぶ子にとっては、「3＋2」といったたし算にとくに説明がいりません。「3個と2個を合わせれば5個だよ」と、すぐに理解することができます。低学年最大の壁となる、くり上がりの「さくらんぼ計算」も、数と量が結びついていれば苦労なく解けるようになります。

数と量が結びついているかどうかを確かめる、簡単な方法があります。食卓で「あなたのお皿にプチトマトは何個ある？」「唐揚げはいくつある？」と子どもに聞いてみてください。3つか4つしかないのに指でひとつずつさしながら「いーち、にーい」と数えている場合、結びついていないかもしれません。**指で数えなくてもすぐに数を言えるようであれば、量の認識が高まっている証拠です。**

量の認識は、普段の暮らしのなかで高めることができます。生活のなかでまわりにあるものはすべて学習に使えるので、ことあるごとに「これはいくつある？」と聞いてみてください。数と量を結びつける、よい練習になります。いっぺんにたくさん聞かなくても、毎日少しずつ継続することで子どもはその感覚を身につけていきます。

ひとつ注意することは、6以上の量を聞くときには、5のかたまりをつくってあげること。大人でも、おはじきを7つバラバラに置かれるとパッとはわかりません。「5といくつ」で並んでいれば、すぐにわかります。

この練習は、6以上の数を「5といくつ」で理解する練習にもなります。すると、「くり上がりのたし算」「くり下がりのひき算」が楽勝でわかるようになるのです。

算数

数の概念が身につく！低学年までの手づくり教材

低学年のうちに数の概念を身につけるうえで、実際に触れながら学ぶことは非常に学習効果が高いです。**手づくりすれば、子どもに合わせてカスタマイズできる**のがメリット。子どもの好きな色やキャラクターを使えば、意欲も高まります。

●卵パックで数当てゲーム

10個入りの卵パックのフタの部分をハサミで切り取るだけで完成。ビー玉などをスペースに1つずつ入れて、「何個入ってる？」と聞きます。パッと答えられたら数の認識が高まっている証拠です。

●ジッパー付き保存袋でなぞり練習

ジッパー付き保存袋のなかに数字を書いた紙を入れて、袋の上からホワイトボード用のマーカーでなぞります。何度も消したり書いたりできますよ。

●アイスの棒で数字パズル

アイスの棒を2本くっつけて並べ、2本をまたぐように数字のシールとドットシールを貼ります。たとえば「3●●●」「5●●●●●」のように数を合わせて。貼り終わったらシールが分かれるようにカッターで切り、絵合わせを楽しみます。数字と量を結びつける練習に。

●段ボールでパターンブロック

段ボールで正三角形、二等辺三角形、正方形、長方形をそれぞれ数枚ずつつくります。子どもが片手で扱える大きさがおすすめ。三角形を2枚使って四角形を作ったり、親が作った形を真似させたり。図形感覚向上に。

●紙コップ数字合わせ

裏に1~10の数字を書いた紙コップと、1~10のドットを書いた紙コップを用意。ドットの数に合う数字のコップをかぶせます。数字と量を結びつける練習になります。

算数

ポスターを〝張るだけ〟では学力アップに結びつかない？

算数の学習のためによかれと思って、単位や九九などのポスターを張っていませんか？　算数に限らず、漢字や歴史の年表ポスターを張っているご家庭も多いと思います。

しかしこのポスター、ただ張るだけでは効果は非常に薄いです。張ったばかりのころは子どもも興味を持ちますが、すぐに風景と同化して見えなくなります。よしんば眺めたとしても、眺めるだけではなかなか記憶に定着しません。

せっかく張ったポスターですから、できれば学習効果を得たいところ。意味のあるものにするために2つの技をお伝えします。

●アウトプットの機会をつくる

ポスターの内容をアウトプットする機会を、意図的につくってみてください。たとえば「1㎝は何㎜？」と聞いてみて、わからなそうなら「ポスターに書いてあったよ」と声をかけます。ポスターの内容に沿った問題を出すことで、**意識して見る機会を増やす**のです。すると、内容が定着していきます。

意図的に変化を起こす

なぜ子どもがポスターを見なくなるかというと、シンプルに飽きるからです。変化が起これば、「なんだろう？」と見るようになります。

たとえば覚えてほしい箇所に、あえて付箋で目隠しをします。すると子どもは気になって、めくってみたりします。さらに付箋に「見たらダメ」なんて書くと、子どもの興味はさらに高まります。反対に、その子の好きなキャラクターを描くことで注目させてもいいかもしれません。ポスターを半分や⅓に折って、見えるところを限定してもOK。とにかく、以前見たときとは違う変化をつけるのです。

ポスターは、張りだしてしばらくしたら工夫も加えること。それが、学習効果を高めるポイントです。

算数

算数最大のつまずきポイント「分数」の攻略法

「小学校の算数の中で、子どもが一番苦手とするのは何ですか」と聞かれれば、私は「分数です」と即答します。3年生で初めて習う分数はとても抽象的で、具体的な量と結びつけたり、イメージすることが難しいのです。たとえば「2＋3」なら「合わせてリンゴ5個」のようにイメージしやすいのですが、「½＋⅓」をイメージすることは子どもにとって至難の業です。

また、仮分数、約分、通分、分数計算など理解しなければいけない内容も多く、それも子どもたちを苦しめる要因に。分数は中学校の数学でもかなりの重要度で、小学校段階で理解できていないと苦労が待っていることは明白。恐るべし分数！　なのです。

低学年のうちは分数と具体的なものを関連付ける習慣を

分数を習う前（低学年のとき）に大切なのは、分数を具体的なものと関連付けること。そうすることで実際にその分数に触れる経験を積ませることです。たとえばピザを分けるとき、ホールのケーキを切るとき、あるいは折り紙でもかまいません。「これは½だね」「¼が4つで、1個になるね」と実感させる。ときには、「それを⅓に分けてみて」と実践させることも大切。

そして料理を一緒にすることも、分数の理解に効果的です。「この大さじの½まで砂糖を入れて」「コップ⅓くらいに水を汲んで」と声をかけることで、分数がイメージできるようになります。こういった経験が、分数の理解のうえで大切なベースとなっていくのです。

高学年では分数の問題を積極的に日常に入れ込む

高学年では、分数の計算が始まっていると思います。「たし算、ひき算のときは通分する」「かけ算は分母同士、分子同士をかけ、わり算なら逆数にしてかける」といった計算方法が出てきます。その方法を覚えることに重きが置かれがちですが、大切なのは「なぜ通分するのか」「なぜ逆数にしてかけるのか」が視覚的にわかるようなサポート。

ＹｏｕＴｕｂｅで「分数　通分」などと検索すると、イメージとともに解説している動画がたくさん出てくるのでおすすめです。計算手順を説明するだけではなく、そういった動画を一度見るだけでも理解の助けになります。

そして何より意識してほしいのが、毎日学校で取り組んだ問題に触れることです。ほんの少しでもいいのです。126ページでご紹介したホワイトボードの活用もいいでしょう。1日に1、2問でも繰り返すことで、「$\frac{16}{24}$」を見たときにパッと「8で約分できるな」と思いつけるようになります。これには、ある程度の経験がどうしても必要なのです。

分数に関しては「これですぐにできるようになる！」という魔法がありません。日々のコツコツとした積み重ねが、分数を乗り越える大きな力になります。とくに約分と通分は中学数学でも非常に重要な項目であり、理解が難しくもあるので、家庭でのサポー

トがとても大きな効果を生みます。

苦手を克服しようとするあまり、子どもに負担をかけすぎないように気をつけましょう。ホワイトボードでの苦手克服を参考に、「できるところから」「一緒に」でハードルを下げて取り組んでください。

もしなかなか理解できなかったとしたら、「ここって難しいよね」「お母さん・お父さんも小学校のときわからなかったんだよ」と声をかけてあげましょう。イライラしないことこそ難しいのはわかっています！　それでも、なごやかな雰囲気で一緒に勉強できたなら、子どもにとってはプラスでしかありません。

センスがなくても大丈夫 図形が得意になるアイデア

これまで子どもたちと接してきて思うのは「図形の力は誰でも伸ばすことができる」ということ。センスが必要、という説には私は懐疑的です。そこでご家庭でも図形を得意にできる、3つのアイデアをご紹介します。

●図形をつくらせる

ストローやひもで平面的な図形をつくらせてみてください。「三角形に必要なストローは3本」「すべて同じ長さのひもでできる四角は正方形」と、体感で理解できます。

●図形を描かせる

子どもに「直角三角形を描いてみて」と、紙やホワイトボードを渡します。もちろん

学校で習ったあとに、です。直角を表現できていれば、図形の特徴を理解している証拠です。もし描けなければ、正解の図形を見せながら挑戦させてみてください。「描くために」見る場合、なんとなくではなく集中して特徴を捉えようとするので、個人的にはこの方法が一番おすすめです。

立体図形を触って分解させる

立体図形の理解に向けては、実際に触れたり、それを分解したりという経験が絶対的に必要になります。身近にある牛乳パックやお菓子の箱などを渡して、「分解して展開図を作る」「元の立体に戻す」を体験させてください。

国語の基本、漢字力と語彙力は学校では伸ばせない？

「読解力」は国語以外でも、すべての教科の学習において重要です。その読解力を高めるために必要な「漢字力」と「語彙力」。しかしこの2つの力、残念ながら学校だけで高めていくのは非常に難しいというのが私の体感なのです。

漢字については、どの学年でもほぼ毎日学習時間がとられています。けれど授業中はドリルを進めるのに精一杯で、なかなか漢字を覚えるための時間をとれないのが実情。また、毎日のように漢字書き取りの宿題が出されても、それだけで完全に覚えることは難しいと思います。

語彙力についてはどうでしょう。当たり前のことですが**語彙力を高めるためには、さ**

まざまな未知の言葉に触れて意味を理解していくことが大切です。もちろん学校では多くの言葉が使われていますが、実はそこに落とし穴があるのです。なぜならそれは、子どもたち全員に確実に伝わる言葉であることが求められるから。未知の言葉は避けられ、「全員が知っていてわかりやすい言葉」が使われることが多いのです。つまり授業以外の時間に語彙を増やすのはなかなか現実的ではありません。

そして国語の授業においても、文章を読むときは「精読」というスタイルがとられます。精読とは、ひとつの文章をじっくり詳しく読み解いていくこと。読解力を高めることにつながるのですが、一方で、同じ文章に時間をかけるがために触れる単語の数は少なくなります。

つまり、子どもたちが**学校で未知の言葉に触れる機会は非常に限定的**。家庭でのサポートがとても大切になってきます。では具体的にどうすればいいか、次のページから紹介していきます。

ミニホワイトボードは漢字の習得にもお役立ち！

「毎日漢字の宿題が出てるんだから、あれで覚えられるんじゃないの？」と思われるかもしれませんが、正直なところ、あの宿題だけでは漢字を覚えることはできません。なぜならあれは、ただ書き写す「作業」を行っているだけで、子どもが覚えようと思って書いているわけではないからです。いくら「覚えるために書きなさい」と伝えても、子どもの意識はそうそう変わりません。

漢字を覚えるためには、**「目的意識を持って見たり書いたりする頻度を高める」**ことが大切です。おすすめするのは、ホワイトボードで漢字クイズ！

126ページでお伝えしたように、ホワイトボードは学習へのハードルを下げることができます。さらに「クイズ」となれば漢字の苦手な子どもでもきっと食いつきます。そして子どもは正解したいがために、漢字を意識してしっかり見たり書いたりすることでしょう。こうすると記憶にも定着しやすくなります。ここではおすすめのクイズ例を紹介します。

漢字間違い探し

わざと間違えた漢字と、正しい漢字を並べて書きます。「間違いはどっちでしょう？どこが間違っているでしょう？」と聞くと詳しく見ようとするため、記憶に残ります。

「一画目から何でしょう？」クイズ

漢字をゆっくり書いていき、わかった時点で早押しのように答えてもらいます。一画目から集中して見るように。子どもに問題を出してもらってもおもしろいです。

「途中から書いてみよう！」クイズ

3～5個の途中まで書いた漢字を並べ、続きを書いてもらいます。イチから書くのは難しくても、途中まで書いてあれば「あれだ！」とほとんどの子がわかるもの。漢字への苦手意識が強い子でも安心して取り組めます。

●「どの漢字でしょう？」クイズ

ホワイトボードに5～10個の漢字を書き、「伝統の〝統〟はどれ？」などと質問。当たりの「統」を選べたら、その字を消します。子どもに「これは組織の〝織〟だ！」と熟語をつくってもらうのもおすすめ。熟語で漢字に触れることで、意味も含めて覚えることができます。

●3問漢字クイズ

宿題でその日に書いた漢字のなかから、3問ほど出題してホワイトボードに書かせます。ただ、「テスト」と言わずに「クイズ」としただけ。伝え方ひとつで、子どもの取り組む姿勢は変わります。

このような漢字クイズに、楽しみながら毎日取り組んでみてください。食事中でも、ちょっとした隙間時間でもできてしまいます。「毎日5分の漢字クイズタイム」を設ければ、習慣化できてベスト。

クイズに取り上げる漢字は、子どもに合わせて「覚えにくい漢字」「画数が多いもの」

「よく間違える漢字」「前のテストで間違えていた漢字」などから選ぶとよいかと思います。一番のおすすめは、「3問漢字クイズ」でご紹介した「その日の宿題で書いたなかから」復習するもの。前日の宿題から選ぶのもおすすめです。**忘れたころにその漢字に触れる**ことで、より記憶に定着します。

子どもが楽しめるよう、「今日のクーイズ、イエーイ!」「今日の問題は……ドゥルルルル……ジャン!」のようにエンタメ化してみてください。漢字が身につくうえに、親子の楽しかった思い出にもなりそうです。

国語

語彙力を高めたいなら おうちでの会話にひと工夫

語彙力を高めるのに、家庭での会話は重要なウエイトを占めます。では、どのような会話がよいのか、具体例を5つ紹介します。

●正確な日本語で話す

たとえば「あれ取って」ではなく、「机の上のペンを取って」などとしっかり表現します。「宿題は?」と聞くのではなく、「今日の宿題は終わった?」というように、単語ではなく文章で伝えることが大切です。まずは大人が、正しく日本語を話しましょう。

●難しい言葉をあえて使う

子どもを大人だと思って、難しい言葉も使ってみてください。意味がわからなければ教えればいいのです。一緒に辞書で調べるのも、とてもよい体験となります。

●テレビを見ながら、「今の言葉の意味はわかった?」と聞く

テレビからはさまざまな言葉が流れてきます。子どもが親しんでいないであろう言葉が出てきたら、流すことなく「今のこの言葉知ってる?」と聞いてみましょう。新たな語彙獲得のよい機会となります。

●教科書の言葉を使って話す

子どもが宿題の音読をしているとき、普段はあまり使わない言葉や表現が聞こえてきませんか? それを普段の生活の中で、意識的に使ってみてください。親が実際にその言葉を使うことで、言葉の意味や使いどころを身をもって理解します。

●(高学年向け)辞書ゲーム「なんて説明しているでしょう?」

たとえば、『赤』って辞書でどう説明していると思う?」と聞いてみてください。「花の色って書いてあるかな」「でも花の色は赤以外もあるか」などと考えて調べることで、語彙力や表現力を鍛えることができます。出題は、普段よく使う言葉を選びましょう。

日々、少しの意識した会話を心がけることで、語彙力は徐々に必ず高まっていきます。

国語

宿題の定番「音読」は工夫次第でこんなに楽しい！

第3章でもお伝えした通り、音読の宿題はとても大切。けれど学年が上がるにつれてだんだん適当になっていくというのは、小学生あるあるですね。たしかに、同じ話を毎日ただ読んでいるだけでは、飽きてしまうのも無理はありません。

そんなときは、こんなちょっとした工夫で音読の意欲を高めることができますよ。

●親が相槌を打つ

「うんうん」「へえ、それから？」「え……かわいそう」「知らなかったな」のようにリアクションすると、読み手は気持ちよくなってきます。

●高速読み

「今日はできるだけ速く読んでみよう」「30秒以内に読めるかな?」「昨日の記録を越せるかな」などと声をかけます。スピードを意識させるだけで、子どもは燃えるものです。

声質変化読み

裏声、低音、キャラクターの声など、声を変えると楽しく読めます。

一文ずつ交替読み

長い文章を読みたがらない場合におすすめです。「。」「、」ごとに親子で交替しながら読んでみましょう。「まるでひとりで読んでいるようにスムーズにいこう」など条件をつけると、レベルが上がります。

音読後にクイズ

音読が終わったあと、読んだところに答えのある問題を2~3問出題します。音読の前に「あとでクイズを出すからね」と言っておけば、音読への意識を高めることができます。

このように毎日工夫を続けていれば、新たなアイデアも自然と浮かぶでしょう。楽しんで音読に取り組んでみてください。

国語

読書好きを育てる！図書館で爆借り＆レイアウト法

漢字力や語彙力を含め、国語の力を高めるために読書は不可欠です。ところが、「うちの子はなかなか本を読んでくれない」という相談がとても多いのが実情。スマホやゲームなどほかに魅力的なものがあふれているなか、読書の時間がないというのもやむを得ないでしょう。では、どうすれば読書を習慣化できるのでしょうか。

まずは、環境を整えましょう。家のなかに、子どもが興味を持ちそうな本をたくさん置くようにします。図書館を活用すれば、お金をかけることなくたくさんの本を家に置いておけます。わが家では、2週間に1度子どもと図書館に行きます。子ども自身が選んだ本と、私の選んだ本を合わせて10冊ほど借りてきます。

定期的に通えば家にある本に常に変化があり、飽きることなく本を楽しむことができます。子どもにお気に入りの1冊ができたなら、改めて購入すればよいのです。

本の置き方でも、子どもの興味が変わってきます。本棚にしまいこむのではなく、表紙が見えるように陳列してみましょう。子どもの目線の高さに合わせて、なにかと目に入るように置けば存在を忘れません。

本棚の前にラグを敷いたり、子ども用のイスを置けば、とっておきの読書コーナーに。環境で、読書への意欲は高めることができるのです。

国語

書く力を伸ばすためにおうち学習でできること

将来、大学入学共通テストに記述式問題が導入されるのでは、とたびたび話題に上がります。それほど遠くない未来に、導入されていくだろうと私は見ています。その一方で、小学校の国語は読み取ることに重点を置いており、記述の練習をあまりしません。意識してたくさん文章を書く機会をつくる先生もいますが、個人の采配となってきます。

そんな状況のなか、家庭でできる書く力を高めるおすすめの方法は**「よい文章を真似させる」**こと。どんな学びでも、模倣から始まります。「真似はよくない」「オリジナリティが損なわれる」と心配するには及びません。小学生はその、前段階。真似をすることで、よい文章の書き方を身につけられるでしょう。

インターネットには、お手本になるような文章がたくさんあります。「運動会　作文」「夏休み　日記」などで検索してみてください。最初はそのまま写してもよいのですが、次には「この人は一番おもしろかったことから書いているね。同じように自分のことを書いてみて」と構成の真似をさせます。「この表現、わかりやすいね。使ってみようか」「かぎかっこから始めるっていう手もあるんだね」と、導いてあげましょう。

また、シンプルに**「たくさん書くほどに上達する」**のも事実です。親子で交換日記を始めてみるのはいかがですか？　会話とはまた違う、「書いたからこそわかる相手の気持ち」に触れるいいチャンスにもなりそうです。

私も、クラスの子どもたちが日記を書いてきたら、同じ文章量で自分も日記への感想や褒め言葉を書いて返すようにしています。そうすると子どもたちも書くことへの意欲が高まっていきます。

子どものいいところを本人に話したり、自分の本音を語る機会はなかなかないものです。交換日記は「書いて伝えて」「心のサポート」もできる、いい試みだと思います。

社会

小学校の社会は「地理的知識」の有無がカギ！

タイトルを見て、「地理だけじゃなく歴史や公民も大事でしょ？」と思われるかもしれません。おっしゃる通りです。ただ、歴史や公民の学習においても、地理の知識がとても重要なのです。

3年生から始まる社会科の学習は、身近な市区町村から始まり、4年生で自分の住む都道府県を学びます。そして5年生では学習範囲が日本全国へ。その間、歴史や公民的な学習もしますが、中心は地理です。

このとき、子どもに「この場所、見たことある」「札幌は北海道だよ」「名古屋にはお城があって」などの知識があると、**意欲的に学習に取り組むことができます**。**学んだこ**

とも、スッと頭に入ります。

「魚の水揚げ量が多い千葉県の銚子」と聞いたときに、「ふーん」で終わるのか、「千葉県は海に面しているもんな」とイメージできるのか。理解の深まりが大きく違ってくるのです。

歴史の学習においても、日本全国の地名が出てきます。地理の知識があれば、どこで起きた何なのかと、イメージを持って学習を進めることができます。

96ページでもお伝えした通り、授業をしていると、「これ知ってる!」となったときの子どもの意欲上昇のすごさを感じます。地理的な内容について知っていることが多ければ多いほど、子どもは社会科を好きになる傾向があるようです。

このあと中学高校と進むにつれ、社会科の成績は勉強した時間に比例して上げやすいのを感じると思います。好きになれたら、しめたもの。

では、地理的な知識を蓄えるために家庭でできることは何か、このあと紹介していきます。

社会

どんどん知識がついていく！日本地図ポスター活用法

132ページで「学習ポスターは張るだけでは意味がない」というお話をしました。ここではとくに、日本地図ポスターの効果的な活用法をお伝えします。

まず、カラーではなく白地図がおすすめです。さらに、色を塗れる素材で作られているとベター。インターネットで学習サイトからダウンロードして、家庭のプリンターやコンビニで印刷するのでも十分です。できるだけ大きな紙に印刷し、よく目にする場所に張りましょう。

そして「行ったことのある都道府県」に色を塗ります。特定の都道府県のポスターであれば、「市区町村」に。また、それだけだと場所が限られるので、「親戚が住んでいる場所」「お土産をもらったことがある場所」「テレビで見た場所」などにどんどん色を塗り、同時にメモも残します。「この間、旅行で行った場所は?」「好きな映画の舞台は?」などと聞かれたら、一緒に調べて書き込んでいきましょう。

このように、ただ掲示して眺めるだけでなく、ポスターに能動的に関わっていくことで知識が蓄積されていきます。

また、県名を付箋で隠して「何県でしょう?」とクイズを出すのも効果的。住んでいる場所と隣接する都道府県から少しずつ、日常的に出していきましょう。

ほか、「自分の名字と同じ地名を調べる」「ユニークな名前の地名を調べる」のもおもしろいです。私の授業では、「ご当地キャラクター調べ」が盛り上がりました。ご当地キャラクターのデザインには名産品などが盛り込まれていることが多く、なぜそのようなキャラクターになったのかを調べることで場所の特徴も知ることができます。

大切なのは、ただ掲示するだけでなく、どんどん塗ったり書き込んだりして「自分だけの地図」をつくりあげること。それはきっと生きた知識となり、社会科はもちろんそれ以外のシーンでも子どもの力となることでしょう。

社会

思考力も高まる！食べ物の産地を日常会話に

普段口にしている食料品には日本各地、世界各国とさまざまな産地が記載されています。**産地のわかる食材については、食事中に話題に出しましょう**。

「今日のキャベツは群馬県嬬恋（つまごい）村でとれたんだよ」と話すだけで、地理的な知識が高まります。156ページで紹介した地図に、「食べた野菜の産地を書き込む」のもとてもよいと思います。5年生では日本全国の産業について学ぶので、とても意義のある知識となります。

こういった会話があると、子どもに「これはどこでつくられたんだろう」「この野菜は夏野菜だから、暖かいところでつくるのかな」などと考える機会を増やします。こういった疑問が出てきたとしたら、これまでの経験から得た知識をもとに思考力を働かせているサイン。

また、**スーパーに一緒に出かけるのもおすすめ**です。「食品を選ぶときは子どもと別行動」という家庭もあるかと思いますが、非常にもったいないとも感じるのです。ぜひ、産地を見ながら一緒に買い物してみてください。社会科を学ぶ上でとても大切な経験となります。

そして親の方からも、「なんでうちの近くは里芋畑がたくさんあるんだろうね」「外国産の方が安いのはなんでだろう？」「スーパーで見ていると○県産の野菜が多いね、どうしてだろう」と、**子どもに「なぜ？」を投げかけてみてください**。そのとき、答えを知らなくてもかまいません。大人も疑問に思ったことを、一緒に考えることが大切。「なぜ？」を考えた経験が、社会科の学習への関心とともに思考力を育てます。

このように考える習慣がつくと、子どもから「なんで？」「どうして？」と折に触れ聞かれるようになるかもしれません。そのときには、面倒くさがらずに全力で受け止めてください。**「一緒に考えてみる、調べてみる」**ことで、社会科の力が高まっていきます。

「全国の天気予報」には社会科に必要な知識が満載！

天気についての学習は理科で行われるのですが、「日本全国の天気予報」には社会科に必要な知識がたくさん詰まっています。

たとえば社会科では、「それぞれの場所での暮らしの工夫」「日本各地の産業」などを学びます。それら**暮らしの工夫や産業は、地域の気候と密接に結びついている**のです。たとえば雪の多い地域では、豪雪時に対応するための家の工夫があります。暖かい地域、標高の高い地域では、その気候を生かした食料を生産しています。社会科で学ぶ内容と気候は、切っても切れない関係性なのです。

毎日必ずとは言わなくても、全国の天気予報を見るのが習慣になるといいですね。見ながら、「〇県にはもう雪が降っているね」「〇県はまだ30℃超えだよ」「〇県でまた大雨警報か」など話してみましょう。より子どもは、興味を持って天気予報を見るようになると思います。

見続けることで子どもの頭にデータが集積され、「南の島は冬も暖かそう」「北じゃなくても日本海側は雪が多い」など、社会科で学ぶ人々の暮らしと産業に関係のある知識がついていきます。

「〇県はほかより少し気温が高いね。だからあの果物が作られているのかな」なんていう言葉が出れば、積み重ねてきた知識と知識がつながっている証拠。学びが深まっていて、思考力も高まっています。

天気予報を見ながら子どもと話す内容は、なんでもいいのです。「社会科の勉強につなげなければ！」と肩ひじをはることなく、素直に感じたことや、湧き上がった疑問を口にしてみてください。それをお子さんと共有することが、本など活字だけで学ぶ知識と比べて、より生きた学びになると考えています。

社会

好きこそものの上手なれ 歴史好きに育てるコツって？

6年生で学習する歴史分野。何度か6年生の担任を経験しましたが、「歴史の勉強が楽しみ！」と話す子は授業に意欲的でテストの点も高い傾向があります。**6年生になるまでに「歴史好き」な子にしておく**ことは、歴史学習を進めるうえでかなりのアドバンテージになるという体感があります。

子どもに歴史を好きになってもらう方法を、5つご紹介します。

●児童向け歴史書籍を用意する

王道中の王道の手。歴史好きな子の家には必ずと言っていいほど、歴史に関する本が置いてあります。もちろん、漫画でも構いません。

博物館や資料館、歴史の舞台となった場所を訪ねる

「行ったことがある」「見たことがある」に勝るものはありません。家族旅行の折にでも、ほかの娯楽と合わせてでも、どんどん出かけて本物に触れてください。

隙間時間に動画を見せる

映像が子どもに訴える影響力は大きいものです。おすすめは「NHK for School」。歴史に関する番組が豊富で、しかも無料！　隙間時間に見るのによいコンテンツです。

カードゲームで遊びながら学ぶ

かるた遊びが好きな子にはぜひ、歴史かるたをプレゼントしてください。自然と、歴史上の人物などを覚えることができます。なんとなくでもキャラクターを知っているだけで、どのように当時の世の中に影響を与えたのかと興味を持って話を聞けるでしょう。

親や祖父母の昔の写真を見る

数十年といった過去の時代を学ぶことも、立派な歴史学習です。昔の写真から人物や物を見て、今との違いを探してください。

家族で楽しく、歴史に関わっていただけたらと思います。

理科

理科の成績がよい子が育つおうち環境の共通点

「理科離れ」という言葉を耳にすることもありますが、実は理科は子どもに人気の教科のひとつです。なんといっても実験や観察といった、魅力的な活動が多いのですから。

ただ、「理科が好きで得意」という子と、「好きだけど成績はよくない」という子にはっきりと分かれる印象があることは確か。「好き」と「好成績」が一致しないのが理科の特徴だと感じています。

せっかく好きなら、好成績の方がいいに決まっていますよね。実は、理科の成績がよい子のご家庭には、ある特徴があるのです。

決して、親が特別なことをしているわけではありません。ただ、**子どもが探究心のお**

もむくままにやってみるさまざまなこと（ときにいたずら）を、温かく見守っているだけです。

子どもは、幼児期から言われなくても勝手に観察や実験を行っているようなものです。「積み木をどこまで積めるかな？」「色鉛筆の色を全部重ねて塗ると何色になる？」「あの人形とこの人形の足を入れ替えてみたい」「滑り台でいろんな滑り方をしてみよう！」などなど。幼児期には、わざと食器をテーブルから落としてみる子も多いですね。あれも本人にすれば、探究心からくる実験です。

そのときに、叱ってすぐさま止めるのではなく、見守れるかどうか。「〇〇したら、こうなったね」といった理科的な声かけができるかどうか。理科が好きで得意な子どもの保護者の方は、そんな我慢強さやおおらかさを持っているように感じています。もちろん、危険なことはしっかり注意して教えてあげる必要はありますよ。

ぜひ、そんな寛大な気持ちを持って、このあと紹介する活動に取り組んでいただけたらと思います。

理科

やってみよう！おうちでできる簡単実験

低コストかつ短時間、簡単に家でできて学校の勉強とも関連する実験の一例を紹介します。１７０ページの「実験&観察をやるなら」を参考に、取り入れてみてください。

磁石実験

（小3「磁石の不思議をしらべよう」に対応）

用意するもの：磁石、磁石につくもの、つかないもの

①磁石につきそうなもの、つかないものを2〜3個ずつ用意する
②どれがくっつくかを予想する
③実際に磁石を近づける
④磁石についたもの、つかなかったものの共通点を調べる

輪ゴム実験（小3「風やゴムのはたらき」に対応）

用意するもの：紙コップ2つ、輪ゴム

①片方の紙コップの飲み口に輪ゴムを通す
②もう片方の紙コップを発射台とし、ゴムをつけた紙コップを重ねてとばす
③紙コップのサイズを変えるなど、条件を変えてとぶ高さを比べる

物の溶け方実験（小5「物の溶け方」に対応）

用意するもの：食塩、砂糖、ティーバッグ、コップ、割り箸、計量器

①コップに水を入れ、重さをはかる
②ティーバッグに食塩などを入れて割り箸で混ぜ、溶ける様子を観察する
③溶かした後の重さをはかり、溶かす前の重さと比べる

5円玉ふりこ実験（小5「ふりこのきまり」に対応）

用意するもの：長さが違うひも3本、5円玉

①ひもに5円玉をつなげる
②ゆらして5円玉が10往復する時間をはかる
③振り幅を変えて10往復する時間を比べる
④ひもの長さを変えて10往復する時間を比べる

理科

やってみよう！おうちでできる簡単観察

家庭で手軽にできて、学校の理科学習に関わる「観察」を紹介します。ポイントを絞って観察することで、よりたくさんの発見につながります。

●家のまわりの生物調べ

家の庭や近所の公園などで昆虫や植物を観察します。絵に描いたり、写真に撮ったりし、「これは何かな？」と一緒に調べてみてください。今は「Google Lens」などのＡＩ利用で、写真を撮るだけでそれが何かとヒントをくれます。植物判定アプリも豊富です。対象を絞り込んで、家で改めて図鑑などで調べてもよいでしょう。

●花の観察

花を種から育てます。絵日記につけても、経過を写真に残してもOK。タブレットやスマホなどで写真を撮って記録を残すのもおすすめです。「花びら」「おしべ」「めしべ」「がく」と分解して観察すると、より学校の学習とつながります。

●アリの行列観察

アリの行列を見つけたら、ぜひとも一緒に観察し、気づいたことを話し合ってみてください。「同じ道をたどるね」と気づいたら、道の途中に障害物を置くとどうなるかなど実験してみましょう。

●昆虫の観察

虫取りをして観察します。「目」「口」「足」と、体の部分に注目すると多くのことに気づくと思います。

可能であれば、観察でわかったことを紙に書いてまとめましょう。コツは170ページをご参照ください。見つけたことを理科的に表現する経験の積み重ねが、理科の授業でも、その後の人生にも必ず生きていきます。

理科

もしもおうち学習で実験&観察をやるなら

ここでは、おうちで実験や観察に取り組む際のポイントについてまとめていきます。

実験

1. 興味づけ

子どもが自ら興味を持って始める実験は、学んだことがより定着します。たとえば「磁石買ってきたんだけど、これって何にでもくっついちゃうんだよね」など、事実とは違うことを子どもに投げかけてみてください。子どもが「くっつかないものもあるよ」と返してきたら、「うそだあ！　何にでもくっつくよ」とごねます。きっと、「じゃあやってみようよ」と自然と言ってくるでしょう。このように、子どもに前提知識がある場合は、「本当に?」と疑う姿勢を見せると実験への意欲を高めてくれます。

反対に、子どもに知識がなく「そうだよ、磁石は何にでもつくんだよ」と答えてきたら、何かつかないものに磁石を近づけてみて「あれ? これくっつかないよ」と驚いてみましょう。子どもは「えっ、なんで!?」と問題意識を芽生えさせてくれるでしょう。

いずれにせよ、**実験前に子どもの興味をひくことがポイント**です。

2. 予想

実験前に、結果がどうなるかと予想します。子どもの予想に対して、「どうしてそう思ったの?」と理由も聞いてみましょう。答えられなかったとしたら、「たしかに〜ということがあるから、あなたの予想通りかもしれないね」と補足してあげてください。

自分がなぜこのように予想したかと**理由が言えるのは、過去の経験や学んだことを踏まえている証拠**で、思考力が高まっています。せっかくなので、思考力を高める機会として予想の理由はぜひ聞いてみてください。

3. 実験

いざ実験となったら、親はあまり口を挟まないこと。子どもが試行錯誤することは、とてもよい学びとなります。

4. 結果のまとめ

この実験で何がわかったのか、結果を言葉でまとめます。可能ならノートや大きめの紙に文章としてまとめて、さらに実験の様子の写真も添えられたらパーフェクト。ここまでしなくても、「こういうことがわかったね」と話し合うだけで十分効果はあります。

観察

1. 興味づけ

観察は、基本的に時間経過による変化を捉える行為です。植物であれば「どうやって成長していくのかな？」、昆虫なら「幼虫はどんな成虫になるのかな？」というように、観察への**目的意識を持たせる**ような声かけをします。

2. 予想

どう変化をしていくのか、を予想します。子どもが「アサガオの花が咲くまでにああなって、こうなって」「テレビで見たのは」「チューリップはこうだから」など、自分なりの知識や経験から予想することができたら、大きく褒めてあげてください。

3. 観察

ひとつの対象を観察する方法も、複数を比較して観察する方法もあります。たとえば、「ひとつのアサガオの観察」でもいいですし、「雄花と雌花」「肥料を与えたものと、なしのもの」と比較することもできる。子どもの興味に合わせて行ってみてください。

4. 観察したことをまとめる

変化の様子を絵で表し、気づいたことを文章でまとめます。もしくはスマホで日々変化を写真に撮り、わかったことや気づいたことを話し合うだけでも大丈夫です。

実験や観察は正しく結果を出すことも大切ですが、その前段階でいかに自分の知識から根拠のある予想ができるかも非常に大切です。それは、社会に出たときに**未知の問題に立ち向かう大きな力**となります。

理科力を高める！おすすめのお出かけ先

家ではなかなかできない体験をしたり、準備の難しいものに触れたり、専門家から話を聞くこともまた、理科の力を高める貴重な経験になります。子どもの理科への興味関心をよぶこともできる、お出かけ先を紹介します。

●自然体験（散歩がてら、もしくはイベント）

なにも遠くの山や川まで出かけなければいけないわけではありません。近所の道端や公園で植物や動物を見つけてお子さんと観察してみてください。また川や海での生き物探索や、キャンプなどの自然体験イベントに参加するのもおすすめ。親も一緒になって、その興奮と楽しさを満喫してください。小学校の理科では、自然に関する学習がどの学年でも設定されています。実際に触ったりした経験は必ず生きます。

科学館、博物館

科学館や博物館では、学校では実施が難しい実験や、実際に触れることのできる展示があり、実感を伴って学ぶことができます。常設展のほか、季節ごとの企画展にも注目。

動物園、水族館、植物園

小学校では生き物を扱う学習がありますが、毎回実際に見に行くことはできず動画だけのこともよくあります。しかし百聞は一見に如かずで、本物を見る体験は何物にも代えがたいものがあります。家族の思い出とともに、得た知識も定着しやすいでしょう。

理科的なイベントやワークショップ

科学館だけではなく、ときにデパートなどでも理科的なイベントが開催されています。子どもが学校から案内のパンフレットを持ち帰ることもありますし、自治体の広報誌も見逃せません。夏休みなどは県のホームページでも特別企画の案内が豊富です。

少し意識をしてみると、理科を学べる場はたくさんあります。**中学生になると親と出かけるのを嫌がる子も増えますから、今のうちにたくさん一緒にお出かけしてください。**

理科

料理のお手伝いで理科の知識と危険を学べる

料理は、理科を筆頭に、国語や算数といった幅広い学習へのよい影響があると報告されています。とある料理研究家は、一緒に料理をしていくなかで子どもを理科好きにすることができたと話していました。

料理には、温度による変化や物質の状態変化、化学反応といった多くの科学的プロセスが含まれています。自然と、理科に関する知識や概念を、体験しながら学ぶことができるのです。

そしてもうひとつ、私が子どもに料理の体験をしてほしいと思う理由があります。今の子どもたちには、火を使ったことのない子が非常に多いという印象があるのです。理科の実験の授業でも、火をつけるのを怖がってなかなか実験が進められなかったり、やけどをしそうな危ない行動が見られたりします。

また実験の際は、薬品の入った液体を計量する場面が多々あります。扱いには注意が必要なのですが、あまりに不慣れで見ているこちらがヒヤヒヤするのです。

一方で、家庭で料理の手伝いをしているという子どもは、手つきが違います。火の危険性を理解しており、液体の扱いにも慣れているのがわかります。しっかりと、実験の作業を進めることができているのです。

このように**料理をする（手伝う）ことは、理科に必要なスキルだけでなく、生きていくうえでのスキルを身につけることにつながります**。包丁や火を使わせることに不安があるかもしれません。子どもが参加することで、料理が一層大変になるかもしれません。それでも、時間に余裕のあるときにはいろいろな作業をまかせてみてください。

冒頭にお話ししたように、「2人分のレシピだけど4人分作りたい」となれば計量には算数を使いますし、レシピの読み解きには国語力を要します。料理の経験は、幅広い分野で子どものためになっていくのです。

理科

子どもの「なんで?」は考える力の芽だと知る

子どもには、「なんで?」「どうして?」とやたらと聞いてくる「なぜなぜ期」があります。一般的には2〜6歳の子どもに多いそう。なんでもかんでも聞いてきますが、**「子どもの知的好奇心を伸ばすためにもイライラしないで真剣に向き合ってあげましょう」**と、どの育児書にもあります。私もまったく同じ考えです。

というのも、知的好奇心を伸ばすだけではない、非常に大切な理由があるのです。

私は高学年の担任をすることが多いのですが、高学年で勉強の苦手な子の特徴として、「考えることをやめてしまっている」があるように感じています。計算や漢字といった、〝覚えていることを手順に沿って行えば答えが出る〟課題なら取り組めるのですが、自分の思考力を働かせる必要があったり、応用する必要のある問題はハナからあきらめてしまうのです。

それは、子どもが怠けているという問題とはまた違う気がしています。その子が「なんで？」と感じたことに対して、考えたり、解決した経験が乏しく、考えるおもしろさを知らないということがひとつの原因なのではないかと思うのです。

とくに理科では、この「なんで？」がなければ実験をしても「楽しかった」で終わってしまいます。学習内容を深めたり、定着させることができないのです。

鍛えたいのは、「なんでこうなるんだろう」「どうすれば答えを出せるかな？」「前に勉強したあれが使えないかな」という自ら考える力。そのために、子どもから発せられる「なんで？」には全力で答えるようにしています。「そうやって疑問を持って考えたり、知りたいと思うことはすばらしいね」と褒めて、そのうえで一緒に予想したり、考えたり、調べたりします。

日常のささいなことから、「考えるって楽しい！」「考えたら答えが出た！」という経験をぜひ親子で積み上げてください。

英語必修化から数年……英語嫌いが増えている？

2020年、3・4年生の「外国語活動」が始まり、5・6年生では正式な教科として英語の成績評価が行われるようになりました。小学校で英語教育が始まった理由は、社会のグローバル化に対応する「英語力向上」。それに伴う「中学校へのスムーズな接続」がねらいです。

現在、その効果が現れている部分もあるのですが、この数年間で「英語が好き」と答える小学生が減ってきているということも、実は報告されているのです。評価がなかったころはゲームなどのアクティビティが中心で、「英語の授業は楽しい」という子どもたちが多かったのですが……。

私が授業をしていて感じるのは、ほかの教科と同じように「できる子とできない子」がハッキリしてきたということ。さらには、英会話や英語塾に通わせる家庭も増え、より英語力の差が激しくなってきているという印象なのです。

小学校の英語は、国語や算数に比べてどこかサブ的な教科と捉えている方も多いかもしれませんが、**中学に入れば一気に主要教科となります。その先の高校受験、大学受験でも、文系にも理系にも必要不可欠な教科**です。

だからこそ、国語や算数と同じように、英語にも家庭でのサポートが大切になってくると考えています。「英語楽しい」「ちょっと得意」になって中学校に上がるか、「英語つまらない」「苦手」となって中学校に行くかは結構な違いです。ぜひ、楽しく英語のサポートをして、出だし良好を目指しましょう。

なにも、英会話教室に通わせなければいけない、ということはないのです。ほかの教科と同じように少しの工夫や少しの支えで、子どもは英語に興味を持ち、楽しく授業を受けられるようになります。ここからご紹介することを、できるところから少しずつ実践していただければと思います。

英語

英語の授業って何をするの？サポートのために必要なこと

英語の勉強のサポートといっても、授業で何をしているのかいまいちわからないという保護者の方がほとんどではないかと思います。授業内容が家庭から見えにくい理由は、2つ。

ひとつ目は、宿題がないこと。国語や算数には宿題があり、家庭で内容を見ることもできますが、英語ではほぼ宿題がないので、何をやっているかわかりにくいのです。

2つ目は、教科書を持ち帰らないため。週に1～2時間しか授業がない教科では、忘れ物防止のために教科書を学校に置きっぱなしにしておくというルールの学校はとても多いです。社会や理科にも宿題はほぼありませんが、教科書を持ち帰るため学習内容を

気軽に見られます。

さらには、3・4年生のうちは成績表で評価されることもないので、わが子が問題なく理解をしているのか、ちゃんと授業を受けられているのかもわかりません。

そのため、**親が意識をして英語の学習内容を把握しようと努めることが必要**になってきます。子どもに、「今度英語の教科書を持ち帰って見せてくれない？」とお願いしてみてください。教科書を見て把握すべきポイントは、それぞれの単元で使う「英単語」と「フレーズ」です。

その2つを把握したうえで、この先のサポート方法を試してみてください。

英語

たった1分で英語力を高める！ 1日1フレーズからのおうち英語習慣

182ページでお話ししたように、教科書から学習している単元のフレーズと英単語をメモしておいて、家庭で練習できるようにしましょう。

たとえば5年生の「誕生日やほしいものを伝え合おう」の学習なら、学ぶフレーズは「When is your birthday? My birthday is~」と「What do you want for your birthday? I want ~」。使われる英単語は「月（January, February……）」などです。

食事中や移動中に「When is your birthday?」と聞いてみて、「My birthday is~」と答えられれば、学習内容が定着している証拠です。もし答えられなければ、親が「My birthday is~」と自分の誕生日を話して、英語での伝え方を聞かせてあげてください。

英語は、実際のコミュニケーションのなかで聞くということも学習効果が高いのです。本人だけでなく、家族のほかのメンバーにも尋ねれば、そのフレーズを聞く機会が増えてより定着をはかることができます。

急に英語で話しかけられると、最初は子どもも「?」となるとは思いますが、何度か繰り返すことで慣れるでしょう。親子で一緒に発音の練習をしてみてもいいかもしれません。発音に不安な単語があるときは、インターネットで検索すれば正しい発音を聞くこともできますし、多少間違っていてもかまいません。とにかく、親が楽しそうに英語を使う姿勢を示すことが大切です。

英単語に関しては、「8月は英語でなんというでしょう」などシンプルに問題を出してみてください。月の英単語を覚えるのはかなり難しいことなので、家族の誕生月など身近なところから学習すると親しみを持って覚えていけるかと思います。

学習はどの教科でもそうですが、語学はとくに継続が重要です。できる限りハードルを下げ、毎日1分でいいので継続することを意識してください。英単語ひとつでも、フレーズひとつでもかまいません。親子で楽しく英語のやり取りをしてみましょう。

英語学習を身近にするなら英語の歌をフル活用する

英語の授業は、3年生から始まります。授業をしていて感じるのは、「小学校の早い段階から英語学習を始めることには、かなりの意味がある」ということです。

語学の学習というのは、聞いたり話したりがとても大切。「うまくやらなきゃ」という気負いの少ない子どものうちの方が、使い慣れない言語にも抵抗なく挑戦しやすいのです。中学生くらいの年齢になって初めて「英語で話して」と言われても、抵抗感が強く難しいでしょう。

また、語学の学習には歌を活用すると効果が高いと言われています。年齢が上がるにつれ、元気に英語の歌を歌うことに抵抗感が生まれることからも、楽しく元気に歌える小学生の早いうちから英語学習に取りかかるメリットはあると感じています。

ご家庭でも、英語の学習には歌を活用してみてください。**歌うことは、英単語の定着と好相性**です。たとえば「色」について学習中なら、YouTubeで「英語 色歌」と検索するとたくさん英語の歌が出てきます。子どもはきっと食いついてくれます し、1日1回聞くだけで、3日も聞けば自然と口ずさむのではないでしょうか。子どもの耳はとてもいいのです。英語学習においては「耳がいい」は大きなメリットです。

私は子どもと車で移動する際には必ず英語が学べる歌を聞くようにしています。ときには、九九や都道府県を学べる歌にするときも。移動時間や食事中などいつ聞くのか決めておくと、習慣化しやすいのでおすすめです。「勉強のための歌」のプレイリストをつくって、検索しなくてもパッと聞けるようにしています。

もし子どもが歌うようにならなかったとしても、すでに高学年で食いつきが悪かったとしても、大丈夫。聞くだけでも学習効果は十分にあります。音声だけでなく、映像でも理解しやすく制作されている動画がたくさんあるので、一緒に楽しんでみてください。

英語

小学校の英語で必ず押さえるべきはアルファベット

英語学習は楽しみながら！　と言いつつも、一点だけしっかりとチェックしておいてほしい基礎があります。それは、アルファベットです。

学習指導要領が改定され、大文字・小文字の発音・書き取りが正しくできることを求められるようになりました。これまでそれは、中学校の最初に行われる学習でした。今は、**中学校ではアルファベットの読み書きができることが前提で授業がスタート**するので、できなければいきなりつまずいてしまいます。そのため、中学に入るなり英語が嫌いになる生徒が出てきているという話を最近耳にするのです。

小学校ではアルファベットの学習にしっかり時間を割きますが、家庭でのサポートも必要です。

このとき気をつけてほしいことは、**いきなり書かせようとはしない**ことです。赤ちゃんに言葉を教えるときに、最初に書かせたりしませんよね。同じように、まずはアルファベットの発音を聞かせたり、読ませたりすることから始めましょう。すべての文字を正しく読めるようになってから、最後に書く練習をしてください。

アルファベットの学習にも、歌の活用が効果てきめんです。前のページでご紹介したように、「英語　アルファベット　歌」等で検索すると、ＹｏｕＴｕｂｅでもたくさんの歌が出てきます。歌を使って、アルファベットを順番に、正しく発音できるようにし、その後少しずつ書く練習をします。

書けるようになってきたらミニホワイトボードを再び用いて、親の言ったアルファベットを書いてもらうゲームがおすすめ。１日１～３つ、大文字でできるようになったら小文字でも、というように発展させていきます。

「英語がきらい」にならないように、少しずつ進めてみてください。

主要教科以外のさまざまな授業フォローは必要？

ここまで、主要教科学習について、家庭でできるサポートの方法をお伝えしてきました。ただ、学校ではほかにもさまざまな学習が行われています。ここからは、主要教科以外について、おうちでできることをお話ししていきたいと思います。

「国語や算数ができていればそれでOK。ほかはとりあえず、学校と本人にまかせます」という方も多いかもしれません。ただ、それは非常にもったいないなと思うのです。主要教科以外で学校で学ぶことというのは、たくさんあります。それらをすべてスルーしてしまうと、子どもの成長の機会を見逃してしまうことにもなります。教員はむしろ、**主要教科以外のところで、子どもの成長を実感し、驚くことが多い**ものです。それを少しでも、保護者のみなさんと共有できたらと思います。

とはいえ、すべての学習に対して家庭がフォローするというのは現実的に難しいこと。そこで保護者の方からの悩みが多く、家庭でのサポートが子どもの力を伸ばす可能性の高いポイントに絞って次のページからお話ししていきたいと思います。

親が悩んでいるということは、子ども自身にも自信がなかったり、悩んでいたり、取り組むことに消極的な場合がほとんどです。アプローチを間違えると、子どもをさらに悩ませて、より一層その学習に対する嫌悪感を強化してしまう可能性もあります。

これまで紹介してきた内容と同じように、親にも子にも負担が少なく、楽しく前向きに取り組めるサポート方法を説明します。

小学校中学年以上に登場「自主学習」って何をすればいい？

最近は、宿題に「自主学習」を出す学校が増えているようです。自主学習とは計算ドリルや漢字ノートのような決まった宿題ではなく、自主学習用のノートに自分で決めた勉強を行う宿題です。自主学習が増えてきているのは、子どもの主体性、自主性を伸ばすことに重きを置いての方針でしょう。これによって「毎日毎日何をすればいいの？」と家庭を苦しませているという話はよく聞こえてきます。

こうなってしまうのは、正直、学校側に問題があると思うのです。「なぜ自主学習を宿題に取り入れているのか」「どんな学習をすればよいのか」が、きちんと伝わっていない可能性があります。それらを保護者が理解していれば、悩まずにすむはずです。

私も、高学年の担任となったときに自主学習を宿題としています。目的は明確で、**「中学校入学に向け、勉強の仕方を勉強する」**ということ。

中学校では定期テストが行われます。そこで点数を取り、よい成績を修めるには、小学校のときのようにただ宿題をこなすだけでは不十分。「自分に必要な勉強は何か」「どうやって勉強すればよいのか」がわかっていないと、自主的に勉強することができません。小学校高学年のうちから、「勉強の仕方を勉強する」ために自主学習を行えるよう、宿題として出しているのです。

子どものした自主学習の事例を見ていると、絵を描いたり、興味のあるものを調べてまとめたり、というものが多々見られます。そういった内容も大切な学びです。けれど私は、「勉強の仕方を勉強」させるためにあえて教科の学習をしてくるよう限定させています。

「限定した時点で『自主』学習ではないのでは」という意見もあるかとは思いますが、まだ勉強の目的も方法もわかっていない子どもの自主性では、効率的で効果の高い学習になりにくいです。まずは学校と家庭とで、やり方を教える必要があると思っています。

そして私の自主学習の宿題では、目標に「テストでよい点を取る」を掲げてもらいます。**「教科学習に限定する」「テストでよい点を取るためにやる」ことを伝えると、子どもたちにもするべきことが見えてきます**。

たとえば算数であれば、テストや宿題で間違えてしまった問題に取り組む。国語であれば、テスト範囲の漢字練習を行う。社会なら、教科書の中で太字で書かれているキーワードをまとめる、など。

もし学校から自主学習についての具体的な指南がない場合は、私の方法を参考にしてみてください。保護者の方にはよく、「プリントやテストで間違った問題を、スマホで撮ってストックしてください」とおすすめしています。自主学習のネタに困ったときは、このストックの中から子どもと一緒にどれに取り組むかを決めるとよいでしょう。

最終的な目標は、中学校でテスト勉強をする際に「苦手な問題に取り組む」「大切な内容をまとめる」ことのできる生徒になること。自分に必要な勉強は何かを考え、自主的に取り組んで進めていけるようになることです。

教科別 おすすめの自主学習

国語	●**漢字テスト** 漢字ドリルには必ず「読むページ」「書くページ」があるので、テストのようにどちらかを見ながら読み仮名を書いたり、漢字を書いたりする ●**日記、感想文** その日にあった出来事や、本を読んだ感想を書く ●**言葉の意味調べ** 次に学習する物語文や説明文の難しい言葉の意味を調べる。その言葉を使った短文をつくるなどすると活用力も高まる ●**視写** 教科書の文章をそのまま書き写す。語彙力や書く力を高める効果がある
算数	●**計算練習、単位練習** 教科書や計算ドリルを見ながら復習と予習を行う ●**文章題** 文章から写すと、算数における読解力が高まる ●**図形作図** 図形の学習を行っている際におすすめ。書いた図形の特徴を書き込むとさらに理解が定着する ●**問題づくり** 自分でつくった問題を自分で解く。学習内容が定着する
理科	●**おうち実験まとめ** 家で実験した内容をイラストとともにまとめる ●**重要内容まとめ** 星座、体のつくり、雲の種類など、教科書に出てくる内容をまとめる
社会	●**都道府県調べ** 1つ都道府県を選び、県庁所在地、地形、気候、産業、特産物などをまとめる ●**歴史人物まとめ** 1ページにひとり、その人物のしたことをまとめる
英語	●**アルファベット練習** 大文字、小文字を練習する。「b」と「d」などの間違いやすいアルファベット調べなども勉強となる ●**英単語練習** 曜日や月、身の回りのものなどの英単語を調べてまとめる ●**フレーズ練習** 授業で学んだ英語表現を教科書を見ながら書き写す
共通	●**宿題やテストで間違えた問題に取り組む**

その他

国語の最難関!? 作文、読書感想文の教え方

夏休みの宿題で、親子ともども苦しむナンバーワン課題は「読書感想文」ではないでしょうか。本の感想を1500字程度にまとめる、という作業は大人にとっても簡単ではありません。読書感想文に限らず、作文を苦手に感じている子は非常に多いです。むしろ「作文大好き！」という子に出会ったことはほぼありません。

「大好き」とまではいかなくても、苦手意識を持たせない、抵抗なく作文できるようにすることは必要です。では、どう教えればよいのでしょうか。

いきなり書かせようとしない

「とりあえず何か書き始めてみなさい」という指導はおすすめしません。大人向けの

「文章術」といったビジネス本でも、いきなり書くようにと言っている本はないことでしょう。本番を書き出す前に、「心に残っていることは何か」「一番書きたいこと、伝えたいことは何か」を順不同であげてメモをとっていきます。

構成を考える

内容をどう展開していくか、構成を考えます。難しく考える必要はなく、読書感想文であれば「本を選んだ理由、あらすじ、自分もした似たような経験、そこから学んだこと、これからのこと」といったふうに。作文であれば「起きたできごと、最も印象に残っていること、疑問に思ったことや学んだこと、思ったこと、これからのこと」などになります。インターネットで「作文　構成」と検索すると、基本的な構成の組み方やルールなどさまざまなヒントがあります。

構成に沿って親がインタビュー。答えは子どもがメモにとる

考えた構成に沿って、「この間行った水族館へのお出かけについて書くのね。詳しくどこの水族館に行ったのか、誰と行ったのか書いてみよう」「一番楽しかったことは何？」「どうして楽しかったの？」「ああ、あなたはエビが好きだもんね、エビのよさに

ついても書いてみたら？」といったように導いていきます。子どもが表現したい、書きたいと思うことにたどりつければ理想的です。

●インタビュー内容をもとに清書する

インタビュー内容をもとに文章を清書します。このやり方なら、どれだけ作文が苦手な子でも書くことができると思います。

この方法を繰り返すことにより、子どもはどうやって文章を書けばいいのかわかってきます。以前、「ぼくね、作文を書くときは自分にインタビューしながら書くんだよ。『なんで〜したの？』『なんで〜と思ったの？』と聞いていくと、どんどん書けるようになったんだよ」と話してくれた子もいました。何度か経験することで、親に頼らなくても自分で書けるようになっていくのです。

そして、作文を教えるうえで最も大切なこと。それは、**子どもの作文を手直しするなら、その倍以上も褒める**ということです。

できあがった作文を読んでいると、同じ言葉を何度も使っていたり、誤字脱字があったりと、惜しいところが散見されるものです。それは、ぜひ伝えて修正してください。子どもの書く力を高めていくのに、大切なことです。ただ、直すだけで褒めないというのはNG。

だって、**書き上げただけで素晴らしい**じゃないですか！「たくさん書けたね」「そのときの様子がよく伝わってくるいい文章だ」「気持ちが表せているね」「読んでいてとてもおもしろかったよ」というように、たくさん褒めてあげてください。

文章を書くたび直されているだけでは、作文を好きになる人間はいません。どんな文章だったとしても、たくさん褒めて〝書いて表現する醍醐味〟を感じさせてください。「書いたら褒める」。これは、絶対です。

総合、道徳、プログラミング おうちでできることって？

主な教科のほか、学校では「図工」「家庭」「音楽」「体育」「道徳」「総合的な学習の時間」「プログラミング教育」「キャリア教育」など、多くの学習が行われています。これらすべてのサポートを家庭で行うことは、現実的に不可能でしょう。では完全にノータッチでいいのかといえば、それはもったいないというのが私の考えです。

まずは、子どもがどんな授業を受けているのかに関心を持ってほしいのです。「授業でどんなことをしているの？」「楽しかった授業は何？」と聞いてみてください。「へえ、お母さんが（お父さんが）子どものころは習わなかったな。どんなことを学んだのか教えてよ」と聞いて子どもが説明すると、学習のよい振り返りになります。

その際に気をつけていただきたいのは、子どもが「苦手」「きらい」と話したときに、それをなんとか克服させようとしないということ。子ども自身が強く克服を望んでいるのならいいのですが、そうでない場合は「苦手」にフォーカスして克服しようとするほどに、苦手意識が強くなってしまうことがあるのです。

学習内容を聞くときには、「苦手」を見つけることを第一の目的とせず、子どもの「得意」「好き」を見つけてください。子どもの話す様子から、興味関心が高いものは何かが見えてくることがあります。そこに家庭でも取り組めば、子どもの得意をさらに伸ばせるのです。

たとえば家庭科の裁縫の授業に意欲的なら、おうちで一緒に巾着袋をつくってみたり、刺繍に挑戦してみたり。プログラミングに興味があるようなら、ゲームなどをつくることができるアプリで遊ばせてみたり。

子どもの話を聞きながら、「そんなこと習うんだね」「それができちゃうのはすごいね」と興味を示し、褒めながら聞いてみてください。子どもの「好き」や「得意」を見つける、絶好のチャンスになると思います。

その他

学習漫画や学習動画……子どものためになってるの？

以前に増して、子どもにとって学びやすい学習漫画や動画が充実してきているように感じています。これら視覚的な情報は、子どもにも理解がしやすく記憶にも定着しやすい。漫画や動画は勉強をするうえで忌避されがちですが、実は効果が高いものです。ここでは、漫画や動画の学習効果をさらに高める2つの方法をお伝えします。

ひとつ目は、「**目的意識を持つ**」ということ。日々の生活の中で浮かんできた疑問を解決するために見る漫画や動画は、受け身ではなく能動的な学びとなります。ただ読むだけに比べ、記憶に残るのです。「これはどういうこと？」と子どもが疑問に思ったことがあれば、関連する漫画や動画を提供してあげてください。「～を知るために」見る

おすすめ漫画

- 「科学漫画サバイバル」シリーズ（朝日新聞出版）
- 「ドラえもんの学習」シリーズ（小学館）
- 「学校では教えてくれない大切なこと」シリーズ（旺文社）
- 「つかめ！理科ダマン」シリーズ（マガジンハウス）
- 「角川まんが学習シリーズ 日本の歴史」（KADOKAWA）

おすすめ動画

YouTube
- とある男が授業をしてみた
- GENKI LABO
- 小島よしおのおっぱっぴー小学校
- ねこねこ日本史

- NHK for School
- 教育出版 目で見る算数

ことは高い学習効果をもたらします。

そしてもう一点、「**アウトプットの機会をつくる**」ことが大切です。見るだけの学習ポスターに意味がないのと同じで、ただ漫画や動画を見るだけでは内容の定着を図れません。親が「どんな漫画だった？」「動画はなんて説明してた？」「何がわかった？」と聞いて、説明する（＝アウトプット）機会を意図的につくりましょう。

自分の言葉で説明することで、脳が整理され、より内容が定着します。もし「えーっと、どうだったっけ」となれば、親も一緒に再度見るとよいと思います。「気になるから一緒に見てもいい？」と聞けば、ひとりではなく親と一緒に勉強できると喜ぶことでしょう。

タブレット学習って本当に子どもの学習に有用？

私の勤務する学校の自治体では、タブレットが生徒全員に配布されており、使わない日がないというほど授業で活用しています。すぐに調べられる、写真や動画で記録できる、デジタル教科書を使用できる、学習アプリが充実しているなど、勉強するうえで重要なアイテムになってきていると感じています。

とくに使用効果を最も感じるのは、「**ひとりひとりの学習到達度に合わせた学習ができる**」という点。ＡＩドリルを活用すると、正解した問題、不正解だった問題を分析し、データを蓄積し、その子のレベルに合った問題が出題されるようになります。これにより、勉強が苦手だった子が少しずつ学力を高めていく姿をたくさん目にしてきました。

ただ、忘れてはいけないと心にとめていることがあります。それは「リアルな体験の重要性」です。

たとえば算数の立体図形の授業。ひとりずつに立体を準備できないことがあるので、タブレット上のアプリを活用するなどして視覚的に理解できるよう心がけます。それでもやはり、自分で立体を触ったり、切って分解する体験に比べると、得られる情報に圧倒的な差が出るのです。そんなとき、リアルな体験の豊かさを実感します。

コロナ禍で校外学習ができなかったときには、タブレットで「VR校外学習」を行いました。子どもたちは喜んでくれましたが、当然、実際に行って、匂い、気温、感触、音、そして人とのリアルなコミュニケーションなど、五感で情報を得たうえで感じることに比べれば些細なものです。学ぶ上でリアルに体験することは非常に大切だと思わされました。

どちらのよさも活用しながら、子どもたちにとってよい学びの方法を模索し続けていきたいと考えています。

おわりに

本書を最後までお読みいただき、ありがとうございます。この本が、保護者のみなさんにとって少しでも役立ち、お子さんの学びや小学校生活を支えるヒントとなれば幸いです。

私自身、子どもが生まれる前は、担任を務めながら保護者の方に対して「もっと家で勉強を見てあげればいいのに」と考えていた時期がありました。しかし、いざ自分が2人の小学生を育てる父親となってから、その考えは大きく変わりました。

ご飯の準備、連絡帳や持ち物のチェック、書類や提出物の確認、箸や水筒の準備、給食エプロンなどのアイロンがけ、女の子なら髪の毛のセットなどなど……。このような準備や確認に加えて、勉強までしっかり見てあげることがどれほど大変かを実感しました。

日々子どもたちと向き合う時間をつくることは簡単ではないのですが、それでも、お子さんの勉強に寄り添い、無理のないサポートを少しずつでも続けることで、きっと子どもたちは自信を持ち、成長していきます。80項目のうちひとつでも取り組んでみてください。完璧でなくても大丈夫。少しずつ、少しずつです。

また、本書の中で何度も「子どもを褒めてください」とお伝えしましたが、同時に、保護者のみなさんも自分自身を褒めてほしいと思っています。子育てや仕事、家事と忙しい毎日の中で、本書を手に取り、お子さんのために何かしてあげたいと考えていること自体が素晴らしいことです。決して当たり前のことではありません。ご自身の頑張りにもぜひ目を向けてほしいと思っています。

みなさんが、ご家庭でのお子さんとの学びの時間を楽しみながら過ごせるようになることを心より願っております。

2024年10月　サンバ先生

サンバ先生

公立小学校教員。
大学卒業後、一般企業で営業を3年、JICA（独立行政法人 国際協力機構）で海外ボランティアを2年経験後、帰国し教員採用試験合格。以後10年以上、小学校で教員として勤めている。各種SNSで教員向けの学習教材や、保護者向けの知育コンテンツを配信し、人気を博している。
HP：blog-giga-teacher.com
X：@giga_teacher
Instagram：@take_homestudy
（2024年10月現在）

勉強も小学校生活も超うまくいく!
おうち学習で知りたいこと80

2024年11月１日　初版発行

著／サンバ先生

発行者／山下直久

発行／株式会社KADOKAWA
〒102-8177　東京都千代田区富士見2-13-3
電話　0570-002-301（ナビダイヤル）

印刷所／TOPPANクロレ株式会社
製本所／TOPPANクロレ株式会社

●お問い合わせ
https://www.kadokawa.co.jp/（「お問い合わせ」へお進みください）
※内容によっては、お答えできない場合があります。
※サポートは日本国内のみとさせていただきます。
※Japanese text only

定価はカバーに表示してあります。

ISBN 978-4-04-607200-9　C0037